Jerónimos

Jerónimos

Texto de
RAFAEL MOREIRA

do Departamento de História da Arte
Universidade Nova de Lisboa

MONUMENTOS
DE PORTUGAL
Verbo

Edição promovida pelo
Instituto Português do Património Cultural
com o patrocínio de

CERÂMICA DE
VALADARES

Fotografias de
JOSÉ SOUSA LARA
e
NUNO CALVET

Agradece-se ao
Estado-Maior da Força Aérea Portuguesa
a cedência da fotografia
inserta na página 25

English translation by
George F. W. Dykes BA MIL
© Texto e ilustrações:
Instituto Português do Património Cultural
e Editorial Verbo para as ilustrações
da capa, contracapa e págs. 28 (esq.) e 32
© desta edição:
Editorial Verbo, Lisboa/São Paulo
Impresso por Printer Portuguesa
em Setembro de 1991
Depósito legal n.º 49 581/91

Na antiga praia do «Rastrelo» ou Restelo, entre a cidade de Lisboa e a barra do Tejo, existia uma pequena enseada abrigada dos ventos, que na época das Descobertas viu crescer uma povoação de pescadores e marinheiros. Nela fundeavam os barcos de grosso calado aguardando o tempo propício de se fazerem ao mar, e desenvolveram-se indústrias de cordoaria e apoio naval. No fim da sua vida, o Infante D. Henrique, sempre atento às necessidades da navegação, fundou aí um eremitério onde alguns freires da Ordem de Cristo prestavam assistência aos mareantes em trânsito, erigido em paróquia sob a invocação de *Santa Maria de Belém* (1459) em lembrança do sítio onde Cristo nasceu.

Foi nesse lugar — de onde Vasco da Gama e Pedro Álvares Cabral partiriam para as suas históricas viagens — que, logo após ter subido ao trono em 1495, o rei D. Manuel decidiu erguer um grandioso mosteiro da ordem dos Eremitas de S. Jerónimo para lhe servir de jazigo, *com a obrigação de huma missa quotidianna pella alma do Infante D. Henrique, primeiro fundador deste lugar, & pella do Sr. Rey D. Manuel e de seus sucessores,* segundo bula do papa Alexandre VI de 23 de Junho de 1496. Decorridos menos de quatro anos, alguns frades do mosteiro jerónimo da Penha Longa (Sintra) vinham tomar posse das instalações e dar início à comunidade, assim completando a sua fundação canónica — anterior, portanto, e sem ligação directa aos feitos daqueles descobridores. Como senhor da nova casa,

que destinava para 100 religiosos, D. Manuel dotou-a regiamente de bens e rendas: sobretudo, desde 1499, a «vintena da pimenta», isto é, 5% de todo o ouro trazido da Guiné e das especiarias e pedrarias da Índia, quantia fabulosa que permitiu erigir um edifício de grandeza nunca vista.

Não é de estranhar que o novo rei (que, recordemo-lo, não era filho do antecessor, D. João II, mas seu primo) concedesse tais honras a D. Henrique, de quem fora neto adoptivo e herdeiro; ou que desejasse glorificar a linha dinástica que consigo começava, abandonando o velho panteão real da Casa de Avis no Mosteiro da Batalha. Original é que essa fundação fosse entregue a uma ordem tão afecta à monarquia espanhola e pouco conhecida entre nós como era a dos Jerónimos: o que só se explica pelo projecto de D. Manuel, através da política matrimonial com princesas castelhanas, de unificar a Península em seu favor (havendo sido jurado herdeiro dos *Reis Católicos* em 1498), e pelo carácter especial daquela ordem, toda votada ao serviço de um conceito sagrado da monarquia. Original, também, a localização do mosteiro à beira-mar, nas portas do Atlântico, como que indicando o caminho por onde afluíam as riquezas do Reino.

Mas apesar desse sentido hispânico e marítimo que presidiu ao seu nascimento (ou por isso mesmo), o *Real Mosteiro de Santa Maria de Belém* — o Mosteiro dos Jerónimos, como é hoje simplesmente chamado —, constitui o testemunho vivo dos sonhos

---

By the former beach of Restelo, between Lisbon and the Tagus bar, Prince Henry the Navigator (Infante Dom Henrique), always attentive to the needs of shipping, founded a hermitage where some friars of the Order of Christ rendered assistance to seafarers. In 1459 it was raised to parish status and the chapel was dedicated to Saint Mary of Bethlehem (Santa Maria de Belém). It was at this place — where Vasco da Gama and Pedro Álvares Cabral set out on their historic voyages to discover India and Brazil — that Dom Manuel I, shortly after ascending the throne in 1495, decided to build a great abbey of the Order of the Hermits of Saint Jerome, in which he would later be buried. The monastery was intended for 100 monks, and the King endowed it generously with goods and sources of income; in particular, after 1499 it received the 'pepper penny', i. e. 5 percent of all gold brought from Guinea and of the spices and precious stones coming from India. The hermits were obliged to say Mass daily for the souls of the

Infante Dom Henrique, Dom Manuel and his heirs.

It is not surprising that the new King, who was not the son of his predecessor, Dom João II, but his cousin, should grant such honours to Dom Henrique, of whom he was the adopted grandson and heir, or that he should wish to glorify the dynastic line that began with him. What is original is that the foundation was entrusted to a new order so bound up with the service of a sacred concept of the monarchy. Another original fact was its location on the shores of the estuary, at the gateway to the Atlantic, as it were pointing to the route by which flowed in the Kingdom's wealth.

THE EDIFICE

The long façade — more than 300 metres — background to the continual stream of shipping up and down the Tagus, consists of several bodies of unequal size joined in a straight line and divided by horizontal strips as in domestic architecture, which gives it a

5

que Portugal conheceu, ao mesmo tempo que uma das realizações mais impressionantes da arquitectura europeia do Gótico Final.

O EDIFÍCIO

Todas as vicissitudes por que passou, e a radical transformação que sofreu a área envolvente, não afectam o prazer da contemplação do edifício. A sua extensa fachada de mais de 300 metros, pano de fundo do permanente tráfego subindo e descendo o Tejo, desenvolve-se por vários corpos de desigual tamanho enfiados em linha recta, obedecendo a um princípio de horizontalidade que é sublinhado pela distribuição das janelas em andares, divididos por faixas horizontais como na arquitectura doméstica, de onde lhe provém uma fisionomia calma e repousante. Paredes nuas alternam com zonas de maior concentração decorativa, num ritmo que se prolongava pela interminável alpendrada de 28 arcos (hoje inserida no corpo neogótico do Museu Nacional de Arqueologia e Museu de Marinha), sobre a qual se erguiam os dormitórios da comunidade, coroados por uma grinalda de cruzes de Cristo e esferas armilares — a insígnia de D. Manuel como governador da Ordem de Cristo e o seu emblema pessoal.

A imponência deste prospecto foi desde o início reconhecida como a primeira maravilha de Lisboa e protegida por sucessivos decretos, precursores da legislação patrimonial dos nossos dias: assim, D. João III embargava em 1524 quaisquer edificações que prejudicassem a sua vista a partir do rio, proibia casas de má fama nas proximidades (1538), e até mesmo que se estendesse roupa a enxugar no areal defronte do mosteiro (1548). Essa definição de uma «zona monumental» não só denota grande sensibilidade ao valor estético do edifício (que, no entanto, só viria a ser declarado monumento nacional em 1907, e integrado no Património Mundial pela Unesco em 1983), como mostra que ele correspondia a um ideal guiado de perto pela vontade do soberano. Para melhor enfatizar o projecto centralizador expresso no seu mosteiro-panteão, D. Manuel mudou o orago da igreja para Nossa Senhora *dos Reis* (isto é, os Reis Magos que adoraram o Menino em Belém, antepassados de todos os outros reis) e obteve do Papa que o seu prior fosse por inerência o superior dos mosteiros jerónimos do País, com prerrogativas de verdadeiro bispo. Assim, esse monumento à glória da coroa passava a ser também o centro religioso das expectativas de renovação espiritual surgidas no meio do milénio.

FASES DA CONSTRUÇÃO

Segundo a tradição monástica, a primeira pedra do edifício foi posta a 6 de Janeiro de 1501: naturalmente, para fazer coincidir a «nova era» que ele simbolizava com o início do século. Já em 1504, D. Pedro de Meneses dizia-o superar em magnificência qualquer outro do seu tempo, as pirâmides do Egipto, os colossos dos Romanos, o próprio Templo de Salomão, e que *trabalha lá tamanha multidão que quem não vir dificilmente acreditará*: o que indica que muita obra devia já estar a ser feita. No ano seguinte, um viajante veneziano testemunhava que nessa casa «belíssima e notável» D. Manuel «despendera infinito dinheiro, e ainda não está completa, e para completar-se deverá despender para cima de 150 mil ducados». Em 1514 (quando se iniciam as folhas de pagamento conservadas em quatro cadernos no Arquivo Nacional da Torre do Tombo, que Varnhagen descobriu), as paredes da igreja atingiam a altura da cimalha, e iniciava-se a decoração das janelas; e, três anos depois, a ala dos dormitórios e o claustro estavam parcialmente concluídos. O andamento dos trabalhos foi, pois, muito rápido, acelerando-se nos últimos anos do reinado.

Fachada do mosteiro no século XVIII, segundo desenho do francês Noell.
The Abbey in the 18th Century, as seen by the French artist Noell.

Se considerarmos que as receitas provenientes da África e Oriente ultrapassavam então os 400 mil cruzados por ano (1 cruzado = 3,5 gramas de ouro), pode-se fazer um cálculo do montante das finanças públicas canalizado para as obras do mosteiro. O dinheiro arrecadado pela taxa da vintena depositava-se na casa do banqueiro florentino Bartolomeu Marchioni (m. 1527), agente dos Médicis em Lisboa, que entregava mensalmente a quantia necessária para as despesas correntes. Instrutivo paradoxo este, o de um monumento representando *a resistência do gótico* à arte renascentista (na feliz definição de Alexandre Herculano) haver sido financiado através dos cofres da própria capital do Renascimento! (O que, no entanto, permite compreender melhor os elementos italianos presentes na sua decoração.) A pedra de construção, o branco calcário liós de Lisboa, arrancava-se no próprio local — onde ainda existe uma Rua das Pedreiras —, na Ajuda, no vale de Alcântara, Laveiras (Caxias), Rio Seco e Tercena; a areia trazia-se do rio em barcaças; os tijolos e telhas vinham de Lisboa, Alhandra e Povos (Vila Franca de Xira).

A administração cabia a uma junta directamente dependente do rei, a *mesa dos contos,* formada por provedor, almoxarife e escrivão, assistidos pelo vedor ou recebedor e pelo chefe do estaleiro (o «homem das obras»). A comunidade jerónima não tinha qualquer poder de decisão; e o próprio arquitecto, ou «mestre das obras», parece ter tido no início uma intervenção relativamente pequena. O seu nome é referido em 1514 como recebendo 100 réis diários (enquanto os restantes cargos venciam entre 40 e 60): era *mestre Boytaca,* o arquitecto favorito de D. Manuel talvez desde antes de sua subida ao trono — o que confirma a tradição cronística seiscentista que atribuía a traça do mosteiro a um *mestre Putacha* ou *magister Putaca* (Frei Diogo de Jesus). A participação cada vez mais activa do arquitecto, que passa a residir na obra, fará, porém, com que daí por diante a cada mestre corresponda uma nova fase e um novo estilo artístico.

1.° **Diogo Boytac** (*c.* 1460-1528) — que, pelo nome, tem-se suposto ser um francês do Languedoc — já estaria em Portugal em 1490, em que teve início a sua primeira obra documentada: o Mosteiro de Jesus em Setúbal. Genro do mais importante arquitecto português do seu tempo, o «mestre das obras da Batalha» Mateus Fernandes, ele deve ter estudado com D. Manuel os planos para Belém em 1498-1500, combinando a monumentalidade do Mosteiro da Batalha com as novas fórmulas, e a própria implantação no terreno, que pusera em prática em Setúbal. Mas o seu ambicioso projecto ficou incompleto: o pergaminho com a traça original, que ainda se conservava na livraria do mosteiro no século XIX, mostrava uma área quatro vezes maior do que a actual, com quatro claustros de diferentes tamanhos, de que apenas um seria concluído.

O estilo praticado por Boytac é a versão portuguesa do Gótico Final, conhecida por *manuelino* não só por razões cronológicas, mas também em homenagem ao gosto magnificente e naturalista da época de D. Manuel: um dos seus melhores exemplos é, precisamente, a parte por ele construída aqui em Belém. Foi, de resto, estudando-a que o brasileiro Francisco Adolfo de Varnhagen não só fundou a história da arquitectura portuguesa, como pela primeira vez definiu e baptizou esse estilo, em 1834.

2.° **João de Castilho** (*c.* 1475-1552), pedreiro biscainho da «Montanha» de Santander vindo para Portugal antes de 1509 — em que concluía a capela-mor da Sé de Braga, de estilo flamejante —, mostrou-se cada vez mais interessado na corrente renascentista, de que foi um dos precursores. Nos Jerónimos surge em 1516 trabalhando sob as ordens de Boytac, mas substituiu-o no ano seguinte com novo regimento régio que inaugurava o sistema de empreitadas, com o que as obras receberam o seu maior impulso. Sobre as bases deixadas por Boytac, este genial e incansável arquitecto soube encontrar soluções inovadoras, que oferecem alguns dos melhores troços do edifício: as abóbadas e pilares da igreja, o varandim do claustro, a sacristia. Mas o rei D. João III, convertido à estética do Renascimento, acabou por desviá-lo (*c.* 1530) para outras obras da sua iniciativa — sobretudo o Convento de Cristo em Tomar —, assim o afastando de Belém.

3.° **Diogo de Torralva** (*c.* 1500-1566), o maior arquitecto do Alto Renascimento português, foi «mestre das obras de Belém» de 1540 a 1551, incumbido de concluir o mosteiro e arranjar a capela-mor de forma condigna a receber o túmulo de D. Manuel (cujos restos tinham sido depositados na *igreja ve-*

---

calm and restful character. They are joined to the neo-Gothic body of the National Archaelogical Museum and Naval Museum, and it was in the upper part of the long façade that originally were the dormitories of the community, decorated with a chain of Crosses of Christ and armillary spheres — insignia of Dom Manuel as Governor of the Order of Christ and his personal emblems.

This grandiose edifice, a national monument integrated in World Patrimony by UNESCO in 1983, corresponded to an ideal closely guided by the sovereign's will as lord of an immense empire and presumptive heir to the Spanish Catholic Kings. In order to emphasize the centralizing project expressed in his pantheon-abbey, Dom Manuel changed the patronage of the church to Our Lady of the Kings *(i. e. of the Three Kings who adored the Child Jesus at Bethlehem, forebears of all other kings). Thus it also became the religious centre of the expectations of spiritual renovation in the middle of the millennium.*

STAGES OF CONSTRUCTION

According to monastic tradition, the first stone was laid on 6th January 1501, in order that the 'new era' symbolized by the monument might coincide with the beginning of the century. By 1504, it was already said to exceed in magnificence any other building of its day, or the Pyramids of Egypt, the Colossi of the Romans, even the Temple of Solomon. By 1514, the walls had reached the height of the entablature and work had begun on the decoration of the windows; three years later, the dormitory wing and the cloister had been partly concluded. The income from Africa and the Orient at the time amounted to more than 400 000 cruzados a year (1 cruzado=3,5 grams of gold); the revenue received from the pepper tax was deposited with the Florentine banker Bartolomeo Marchioni, agent of the Medici in Lisbon. An instructive paradox indeed — that of a monument representing the resistance of the Gothic to Renaissance art

7

lha, a antiga ermida henriquina, que continuava de pé). As partes que pertencem a Torralva reconhecem-se na técnica mais apurada e na utilização exclusiva de motivos renascentistas: a portaria e escada substituídos no século XVII (de que apenas resta a abóbada da galilé da entrada, refeita em 1940 recuperando algumas chaves da primitiva, nomeadamente uma com o milésimo gravado de 1540); o desenho do cadeiral do coro; as galerias N e NO do andar alto do claustro, em cujos ângulos se lêem as datas de 1543 e 1544; e toda a platibanda superior do claustro, decorada com belos medalhões à romana.

4.° **Jerónimo de Ruão** (1530-1601). A conclusão do mosteiro deve-se a este arquitecto classicista do fim do Renascimento, filho do famoso escultor francês de Coimbra, João de Ruão. Fixou residência em Belém por volta de 1563 como «mestre das obras do mosteiro», e nele trabalhou até morrer, tendo sido sepultado no seu claustro. Deve-se-lhe a actual capela-mor e o arranjo interno do transepto, concluído postumamente segundo seu desenho (o pavimento em mármore é de 1631); e ainda o jardim do claustro principal, a varanda com fonte na extremidade do dormitório — uma das atracções do mosteiro —, o pátio à esquerda da portaria (só então se demolindo a capela henriquina) e as galerias do pequeno claustro jónico, tudo desaparecido no século passado. Com Ruão cessa o crescimento do complexo monástico, numa época de recursos já escassos, pois D. Sebastião restringira as despesas da fazenda régia à construção de fortalezas e Filipe II desviou em 1584 a vintena da pimenta para financiar o Mosteiro do Escorial.

O que a partir de então será feito são consertos pontuais, sem nenhuma alteração da estrutura. Podemos considerar o alvará de 16 de Julho de 1604, pelo qual Filipe III confirmava que somente os reis podiam ser sepultados dentro da igreja de Belém, como o auto oficial de encerramento das obras: durante um século exacto, se nem sempre foi o mais activo, foi com certeza o mais prestigiante estaleiro do País.

PORTAL SUL

Voltado à estrada e ao rio, equilibrando os prismas geométricos da cabeceira e da torre, ladeado por dois janelões como num tríptico, este magnífico pórtico constitui o centro visual da fachada e verdadeira «porta de aparato», embora não passasse de uma porta lateral, o *portal da travessa*. Como muitas portas catedralícias, serviu de ponto de encontro para reuniões ou cerimónias corporativas, como indicam os monogramas ou marcas de companheiros gravados na ombreira central (com datas de 1554, 1564 e 1639), descobertos recentemente por dois jovens investigadores. Foi sem dúvida projectado por Boytac (com cujo portal de Setúbal tem evidentes afinidades), revestindo como um dossel de brocado o espaço entre dois contrafortes; e eleva-se a 32 metros de altura em cúspide triangular encimada por um nicho (de pesado baldaquino moderno) com o Arcanjo S. Miguel: conjunto em que se tem querido ver a influência de peças de ourivesaria da época.

O valor áureo e divino da luz, que penetra por uma fresta que constitui o «centro vazio» da composição, símbolo de Deus, sobre a qual se recorta a imagem da padroeira, é ainda sublinhado pela presença de um rosto do sol sobre cada janela. E o mesmo simbolismo solar parece ter presidido à concepção de todo o edifício, orientado de tal forma que nos dias que antecediam os solstícios do Verão e do Inverno os raios do poente atravessavam-no

Vista do mosteiro e da barra de Lisboa nos fins do século XVIII. Água-forte de L'Eveque.
The Abbey and the Tagus River, at the end of the 18th Century. Etching by L'Eveque.

desde a extremidade do dormitório até vir beijar o altar-mor!

Uma multidão de estátuas povoa a floresta de colunelos, mísulas, baldaquinos e agulhas que compõem o portal (onde já em 1516 se lavravam *torcidos* e *romanos*, peças de difícil identificação). Essas estátuas têm sido dadas a escultores de Sevilha (Reynaldo dos Santos) ou portugueses (Diogo de Macedo); mas, se atentarmos na sua alta qualidade e no modo arrojado com que se destacam da estrutura arquitectónica, chegando a ocultá-la, parece mais lógico atribuí-las ao numeroso grupo de estatuários franco-flamengo que aí trabalhou em 1517-1518: António Flamengo, Nicolau de Holanda, Petit Jean, João d'Ort, Jean de Gand, Michael de Lille, Estêvão de Bruxelas, e vários outros. O sentido do conjunto nada tem de novo: «É a simbólica medieval alcandorando-se em coro para exaltar a Virgem, de cujo seio puro nasceu o Redentor: aos lados da Senhora os que vaticinaram o prodígio, os Profetas do israelismo e as Sibilas do paganismo; em baixo, os que propagaram a doutrina, os Apóstolos; em cima, os que lhe fizeram a exegese, os Doutores» (João Barreira). Mas esse coral medievo é regido por alusões à monarquia moderna que D. Manuel quis instaurar, dispostos verticalmente no seu eixo. Sobre a guarda de honra de dois leões, atributos de S. Jerónimo, emparceira com os Apóstolos o retrato alegórico do Infante D. Henrique, representado como guerreiro e profeta, de barba, cota de armas e espada *alevantada pera riba* (isto é, apresentada em menagem, segura pelo punho), como a descreve, em meados do século XVI, o cronista Damião de Góis; na abóbada, um escudo régio de desusadas proporções; no lugar de maior destaque, a imagem de Nossa Senhora dos Reis, com o Menino-Deus e o vaso de ofertas dos Reis Magos; e dominando ao alto o Anjo Custódio de Portugal, mensageiro do Espírito Santo: sinais da protecção divina à linhagem espiritual do rei e, portanto, da legitimidade do seu poder.

Aqui e além desponta a nova decoração renascentista, como nos finos medalhões que encimam as portas e respectivas arquivoltas ou no friso de folhagem que corre sob a platibanda de flores-de-lis; mas é o espírito de sumptuosidade e exaltação político-religiosa do Gótico Final que prevalece.

ENTRADA PRINCIPAL

Em contraste deliberado com essa porta de honra, o ingresso comum à igreja faz-se por um pequeno vestíbulo coberto, em que se abre também a portaria do mosteiro. Tal modéstia levou a que essa zona fosse muito alterada na época barroca, com a construção de um imponente corpo avançado que os restauradores oitocentistas demoliram no louvável intuito de restituir à entrada o seu aspecto de origem: embora, na verdade, o alpendre devesse prolongar-se para oeste em arcada aberta, apoiada no muro da cerca, e seja hoje difícil imaginar como seria a fachada primitiva da igreja e sua ligação ao dormitório.

O *portal principal* da igreja reduz-se, pois, a espaço acanhado, por força do arco abatido dessa galilé. Quem executou, já com espírito renascentista, o projecto de Boytac foi o grande escultor francês Nicolau Chanterene, aí ocupado talvez desde 1515 até Abril de 1517. Alteou os remates laterais com pilastras e urnas à antiga (o arco original era menor); introduziu por cima os três nichos perspectivados com cenas do nascimento de Cristo (Anunciação, Natividade e Adoração dos Magos); e sobretudo realizou as notabilíssimas estátuas orantes dos doadores, os reis D. Manuel e D. Maria, ajoelhando-se sob a protecção dos santos patronos, S. Jerónimo e S. João Baptista, sobre mísulas onde anjos ostentam as respectivas armas e divisas pessoais. Trata-se de uma réplica do tema do portal dos panteões ducais borgonheses de Champmol e Brou, na França. Esses dois grupos régios — cujas efígies têm *os rostos assaz bem ao natural* (Damião de Góis), isto é, tirados do vivo —, quer pelo modelado fortemente plástico, sobretudo de D. Manuel, e pela atenção ao pormenor, quer pelo realismo com que o artista retratou as feições um pouco grosseiras do rei e o ar quase infantil de D. Maria, ou ainda pelo excelente estudo de nu do S. Jerónimo, são «das melhores obras da estatuária da Renascença na Península» (Reynaldo dos Santos). As restantes estatuetas — anjos portadores de símbolos, os Evangelistas, apóstolos, e aos lados os protectores de Lisboa (S. Vicente, com a caravela na mão) e da família de Avis (o «Infante Santo» D. Fernando, irmão de D. Henrique, com a enxada e grilhetas do cativeiro em Fez) — são de factura desigual, talvez da mão de alguns dos 10 artífices portu-

---

(according to the definition of Alexandre Herculano) being financed through the coffers of the very Capital of the Renaissance! The stone used for building it, the white Lisbon limestone, was quarried on the site itself and sand came from the river.

Administration was carried out by a board directly dependent on the King; the Hieronymite community had no power of decision. 17th Century chroniclers traditionally ascribed the design of the Abbey to a Master Putacha *(Boytac), and increasingly active participation by the architects meant that each master builder began a new phase and a new artistic style.*

1. **Diogo Boytac** *(circa 1460-1528) — A Frenchman from Languedoc who, after building the Church of Jesus at Setúbal (1490), probably studied with Dom Manuel the plans for Belém in 1498-1500; his ambitious project had a far greater area than the present one, with four cloisters, only one of which was to be completed. Boytac's style is the Portuguese version of Late Gothic, known as* Manueline *in homage to the*

sumptuous taste of the epoch of Dom Manuel.

2. **João de Castilho** *(circa 1475-1552) — A Biscayan mason who came to Portugal before 1509, when he completed the chancel of Braga Cathedral, in florid style, He was a forerunner of the Renaissance tendency. On the bases left by Boytac, this inspired and tireless architect managed after 1516 to find innovative solutions that have resulted in some of the best parts of the building: the vaults and columns of the church, the cloister balcony, the sacristy.*

3. **Diogo de Torralva** *(circa 1500-1566) — the greatest architect of the Portuguese High Renaissance. He was 'Master of Works of Belém' from 1540 to 1551, entrusted with the task of completing the chancel in a worthy manner for receiving the tomb of Dom Manuel (whose mortal remains had been laid in the former hermitage chapel of Dom Henrique, which was still standing). Those parts that were designed by Torralva can be recognised by the exclusive use of Renaissance motifs: the choir stalls; the N and*

gueses e franceses que aqui trabalharam com Chanterene.

A *portaria* do mosteiro encosta-se ao lugar vazio (actual pátio de acesso à Biblioteca Central da Marinha) onde se ergueria a ermida gótica do Infante D. Henrique, na qual Vasco da Gama ouviu missa na última noite antes da partida para a Índia; data do tempo dos Filipes, em que substituiu a antiga entrada joanina. A porta da clausura — ladeada por bustos de Júlio César e Hércules e tabelas que continham versos em homenagem ao fundador — assim como a casa do porteiro e a escadaria conventual devem-se à traça do arquitecto régio Teodósio de Frias, executada pelo pedreiro Diogo Vaz (1625). É de notar a imponência verdadeiramente palaciana da escada, do tipo em rampas simétricas e caixa única designado por «imperial» — cópia da do Mosteiro do Escorial, que era ladeada por leões de pedra, segurando cartelas, postos sobre os corrimões (um dos quais serve hoje de bica no lavatório do claustro...), e pirâmides no patamar superior, dando-lhe um ar já barroco. À mesma fase pertenceria a *Sala dos Reis* do andar de cima, destruída em 1868 para dar lugar ao actual terraço, de que apenas restam a série de retratos régios (cópia dos originais feita em 1720 pelo medíocre pintor Henrique Pereira), e o tecto em madeira entalhada levado para uma sala do Palácio Foz. Trata-se, sem dúvida, da zona mais «mexida» de todo o mosteiro — que chegou a receber uma capela, do Senhor do Vencimento, no primeiro tramo da galilé (1721), e respectivo cemitério — e, portanto, de reconstituição mais problemática.

A IGREJA

Caminhar na igreja, atravessando a nave ao longo do eixo principal, é uma experiência arquitectónica única. A sensação é a de penetrarmos numa gruta em que a obscuridade da entrada vai dando lugar a zonas de luz baixa, para terminar em imensa sala subterrânea. Esse efeito de «crescendo», devido à sequência dos espaços cada vez mais amplos e à progressiva intensidade luminosa, é acentuado pelo contraste axial entre a nave e o transepto e pela diferente textura das abóbadas, e evidencia uma concepção orgânica que é dos melhores exemplos de espacialidade manuelina.

Duas capelas quadradas flanqueiam a porta, insertas na massa exterior das torres. À esquerda, a *Capela do Senhor dos Passos* (primitivamente de Santo António de Lisboa), sede da irmandade de fidalgos aí instituída em 1669, e ainda hoje existente: reveste-a rica talha dourada seiscentista em que avultam, tapando nichos com imagens barrocas, quatro telas com anjos sustentando os instrumentos da Paixão no estilo de Bento Coelho da Silveira. Em frente, o Baptistério (exigido pela criação da paróquia de Belém no século passado), com a sua pia baptismal neomanuelina: era a antiga *Capela de S. Leonardo*, onde se venerava a imagem em faiança italiana desse santo padroeiro dos partos régios, hoje no Museu Nacional de Arte Antiga, e agora se vêem restos de relicários e o torso da imagem de Santo António que pertencia à capela fronteira.

O *subcoro* fica comprimido entre a abóbada do coro alto (cujo tramo central parece ser posterior ao terramoto de 1755) e grossos pilares e arcos do tipo Tudor constituídos por toros de folhagem enroscados e atados por laços, de onde surgem inesperadamente, polidos pelo uso, singelos motivos de sabor popular: uma mão, um homem, um peixe, bolotas. Aqui se colocaram em 1940 as arcas tumulares de Vasco da Gama (à esquerda) e Luís de Camões (à direita), da autoria do escultor Costa Mota tio (1894), até então na capela sul do transepto. Raro é o dia em que aí não haja uma palma ou coroa em honra desses dois representantes máximos da epopeia lusíada — o Herói e o seu Cantor —, únicos que a história julgou dignos de repousar ao lado dos reis!

Continuando (ou, se o fizermos pela porta lateral, de chofre), entremos na nave. O especialista dirá que ela se integra na família gótica europeia das *igrejas-salão*, que unificavam as três naves tradicionais por meio de abóbadas colocadas à mesma altura, como em tantas igrejas do mundo germânico ou do país basco, e alguns edifícios públicos (como as «lonjas» ou bolsas das cidades mercantis catalãs). Mas como explicar a suave ambiência tão portuguesa que aqui se respira, senão pelo milagre da harmonia de proporções e por essa luz dourada de Lisboa que vem banhar o espaço e irisa as silhuetas da decoração cinzelada na pedra? Luz quase natural, antes filtrada que transfigurada pelas vidraças coloridas (os

---

NW upper galleries and the platband of the cloister.
*4. **Jerónimo de Ruão** (Rouen) (1530-1601) — Completion of the Abbey was the work of this classicist architect of the end of the Renaissance, who took up residence at Belém about 1563. He was responsible for the present chancel and all the internal arrangement of the transept.*

The charter of 16th June 1604, whereby King Philip of Spain and Portugal confirmed that only kings might be buried within the Church of Belém, may be regarded as the official declaration that the works were finished.

SOUTH DOORWAY

Facing the highway and the river, equilibrating the geometric prisms of the apse and the tower, this magnificent doorway constitutes the visual centre of the whole façade and the real 'pomp and ceremony entrance', even though it is only a lateral doorway. De-

signed by Boytac, like a brocade dossel it covers the space between two buttresses and rises 32 metres in a triangular peak surmounted by a recess with the Archangel Saint Michael: an ensemble in which some authors have attributed the influence of goldsmiths' work of the period. Solar symbolism seems to have governed the conception of the whole edifice, which was so oriented that in days before the summer and winter solstices the rays of the setting sun passed all the way from the far end of the dormitory to illuminate the high altar!

A multitude of statues adorns the forest of twisted columns, corbels, canopies and pinnacles that make up the doorway. If we take into account their high quality and the daring way in which they stand out from the architectural structure, to the extent of concealing it, it seems natural to ascribe them to the many Franco-Flemish sculptors who worked there under Castilho's direction in 1517-1518. The meaning of the programme is the medieval symbolism for exalting

vitrais actuais são do século XIX-XX), recordando a imanente presença divina.

Esse tipo de igreja que Boytac ensaiara em Setúbal atinge aqui a perfeição, ao assimilar a planta em cruz latina e reunir as naves sob uma arrojadíssima abóbada única «de aranhiços» lançada cerca de 1520 por João de Castilho (tão influenciado por modelos ingleses, como pela obra do mestre gótico isabelino espanhol, Juan Guas). As nervuras irradiam em feixes divergentes, como copas de palmeiras, para se recombinarem em animado movimento em estrelas e quadrados, formando uma teia de surpreendente desenho que cria subtis efeitos luminísticos. «O que constitui a maior originalidade desta grande abóbada — escreve Mário Chicó — é essa substituição de combinações conhecidas de nervuras de perfil flamejante por um sistema de nervuras de fina secção que, sem deixar de corresponder ao papel estrutural das apertadas redes das abóbadas das igrejas alemãs, tem fontes de inspiração diferentes, em que a arte do Norte e a do Sul da Europa se conjugam e se harmonizam.»

Quatro pilares esguios parecem pender do tecto — estalactites, chamou-lhes Reynaldo dos Santos —, obedecendo menos à função de suporte que à necessidade estética de ritmar o espaço, como já sentira Fr. Diogo de Jesus *(non ad sustentandum, sed ad dist, inguendum distantiam octo arcuum...)*. Sobre as bases circulares postas por Boytac, eles foram fragilizados por Castilho chanfrando-lhes o fuste em oito faces planas, decoradas em 1518-1519 com motivos góticos e renascentistas alternados, numa consciente afirmação do carácter híbrido do manuelino.

Uma extensa parede fecha a nave do lado oposto à porta travessa, onde apenas se abrem quatro frestas no alto e as portas de 12 confessionários (duas das quais encobertas pela talha da Capela dos Passos), de vergas ornadas de romãs e cardos, encimadas por nichos e rendilhados baldaquinos. Aqui, na zona nua do muro que parte com o cruzeiro, funcionou certamente, com a igreja ainda em construção, abrigada sob simples telheiro ao ar livre, a *loja* ou «sala do risco» de mestre Boytac, onde se desenhavam as peças exigindo maior perícia técnica, depois reproduzidas pelos responsáveis pelos materiais (os «aparelhadores»): arcos, elementos de portas, molduras. Pela sua raridade (apenas se conhecem duas

Suposto retrato de D. Manuel como rei-profeta, no claustro superior / *Presumed portrait of Dom Manuel as Prophet-King, in the upper cloister.*

destas *tracing-houses* na Inglaterra, ambas do século XV), vale a pena observar com atenção esses traços, quase apagados, de padrões gravados à escala natural na própria parede, sobre os quais se cortavam os moldes ou formas em madeira que eram fornecidos aos pedreiros para os passarem à pedra, devendo-se a sua conservação ao facto de o muro não ter chegado a ser coberto por reboco ou pelas pinturas previstas.

O *cruzeiro*, onde o espaço se dilata, é o centro físico e simbólico do edifício, cuja caixa domina exteriormente todo o conjunto arquitectónico. A sua célebre abóbada (de que existe o recibo de pagamento a João de Castilho, de 22 de Setembro de 1522) transpõe de um só voo a largura de 30 metros,

---

the Virgin Mary, on either side of whom are the Prophets of the Old Testament and the Sybils of paganism; below, the Apostles; above, the Doctors of the Church. But this choir is governed by allusions to the modern monarchy that Dom Manuel wished to institute: over two lions, attributes of Saint Jerome, is the allegorical portrait of the Infante Dom Henrique; in the place of honour, the image of Our Lady of the Kings; dominating from the top, the Guardian Angel of Portugal, Saint Michael, illustrating the divine spiritual lineage of the King and legitimacy of his power.

MAIN ENTRANCE

In deliberate contrast with this ceremonial doorway, the common entrance to the church is through a humble vestibule, which also leads to the porter's lodge of the monastery. The original façade of the church was considerably altered during the Baroque

period, and nowadays it is hard to imagine what it was like and how it connected to the dormitory.

The main doorway of the church was concluded in 1517 by the famous French sculptor Nicholas Chanterene, who was responsible for the praying statues of the donors, Dom Manuel and his Queen, Dona Maria, kneeling under their patron Saints Jerome and John the Baptist, a replica of the theme of the doorway in the pantheons of the Dukes of Burgundy at Campmol and Brou, in France. These Royal groups are, according to Professor Reynaldo dos Santos, «among the finest Renaissance statuary works in the Peninsula».

The porter's lodge of the Abbey is set near the empty space on which seems to have stood the Gothic chapel of the Infante Dom Henrique, where Vasco da Gama heard Mass on the last night before sailing for India. The new entrance was designed by the Royal architect Teodósio de Frias (1625), as was the imposing staircase, which is a copy of the one in the Es-

11

Alegoria da Igreja vencendo a Sinagoga / *Allegory of the Church overcoming the Synagogue.*

quadram-se em nichos flamejantes iguais às portas, numa clara afirmação de valores profanos. A emblemática da monarquia — a cruz de Cristo e a esfera armilar de D. Manuel, o ramalhete de três boninas, de D. Maria, o M inicial de ambos os nomes, escudos e escudetes com as armas reais e as cinco chagas — proclamam à exaustão o poder de seus fundadores, manifestando de forma quase tangível a presença da realeza. Diz-se que Filipe II, hospedado no mosteiro antes de entrar em Lisboa em 1581, teria exclamado ao chegar aqui: «No hemos hecho nada en el Escorial!» Verdade ou não, é um facto que só quem perdeu a capacidade de deslumbramento não se sente aqui esmagado; e o visitante moderno faria bem em imitar o conde de Val-de-Reis, governador do Algarve nos fins do século XVII, o qual «na tarde que se achava dezocupado a empregava neste Cruzeiro, dizendo que não se satisfazia de o ver» (Baptista de Castro)...

Mas que sentido atribuir a esta espectacular polifonia ornamental, que em vez de preparar a elevação da alma «lembra antes um edifício civil, uma *lonja* de aplicação laica, sem recolhimento e sem mistério» (J. Barreira)? Talvez a resposta resida nos dois colunelos, recamados de decoração como tecidos exóticos, que pendem sobre as pias de água benta, no intervalo entre os altares que ladeiam o arco da capela-mor: hoje têm em cima banais imagens da Virgem e Anjo da Anunciação (colocadas quando dos restauros, pois Varnhagen ainda os descreve vazios), mas até ao século XVIII serviram de pedestal a grandes estátuas policromas representando D. Manuel e D. João III — tendo, decerto, sido previstos de início para albergar as figuras do onnipresente par régio. Se atentarmos na variedade de nichos rigorosamente hierarquizados que enche o interior da igreja (os quais, com excepção dos do coro, sempre estiveram vazios), uma ideia de conjunto parece ganhar forma. Os 150 nichos menores que circundam os pilares e as janelas da nave deveriam conter imagens de santos e anjos apropriadas a um espaço religioso, enquanto as séries sobre os confessionários e os quatro à entrada do cruzeiro destinar-se-iam, logicamente, como na Penha Longa, aos Apóstolos e Evangelistas. É nos dois pilares tetralobados que separam a nave do cruzeiro — em um dos quais, o do lado norte, se vê sobre a base um meda-

deixando sem utilidade alguns dos colunelos torsos de apoio postos por Boytac: de facto, ela representa «a realização mais acabada das ambições tardo-medievais de cobrir o maior vão possível com o mínimo de suportes» (George Kubler).

Nesse espaço livre, vasto como uma sala de armas, a profusão de ornato atinge o auge. Os púlpitos octogonais da Epístola e do Evangelho — que lembram as *tribunas reales* do panteão dos *Reis Católicos* em San Juan de los Reyes (Toledo) — são pretexto para jóias de filigrana pétrea, e os altares en-

---

corial Abbey. To the same phase, very likely, belonged the Hall of the Kings *on the upper floor, demolished in 1878 to make way for the present terrace.*

THE CHURCH

To walk into and through the church, along the main axis of the nave, is a unique architectural experience. We have the feeling of penetrating into a cave, in which the darkness of the entrance slowly gives way to zones of half-light, until we reach an immense underground room.

Two square chapels flank the door, inserted in the mass of the towers. On the left, the Chapel of Our Lord of Calvary, *decorated with rich 17th Century gilt carved work. In front, the Baptistery with a neo-Manueline font: this was once the* Chapel of São Leonardo, *where a fragment of a Dellarobbian statue of Saint Anthony can still be seen.*

The lower choir is compressed between the vault of the upper choir and thick Tudor arches. Here were placed the tombs of Vasco da Gama (left) and Luís de Camões (right), foremost exponents of the Epic of the Discoveries — the Hero and his Poet — the only men history thought worthy of resting by the side of kings! (Tombs designed by the sculptor Costa Mota, 1894).

The nave belongs to the European group of hall churches. That type of church here attains perfection, by assimilating the Latin cross plan and uniting the naves under a single ribbed vault of most daring design built about 1520 by João de Castilho. The ribs irradiate in diverging sheaves, like crowns of palm trees, to meet again in animated movement in stars and squares, forming a web of surprising design that creates subtle light effects. Four slender pillars seem to hang from the ceiling like stalactites, complying less with the function of support than with the need to lend rhythm to the space. A long wall closes the nave opposite the lateral doorway, where are the doors of

lhão à romana com o retrato do arquitecto João de Castilho — que se encontram os nichos mais ricos, de fundo decorado e baldaquinos de concepção arquitectónica. Talvez se destinassem a receber as efígies tutelares da família real portuguesa, os 16 reis e regentes que governaram o País desde o conde D. Henrique ou os seus santos patronos. A exposição de uma «galeria dos antepassados» nesse lugar, conjugada com a exibição das suas insígnias, punha em evidência o carácter sacro e providencial da estirpe régia, tal como em outros monumentos dos inícios do absolutismo moderno: a Igreja de San Juan de los Reyes em Toledo e o túmulo do imperador Maximiliano em Innsbruck (que podem tê-lo influenciado directamente), e também a Abadia de Westminster ou a Capela do King's College de Cambrigde.

O imenso vão do cruzeiro — que não é um espaço processional, mas de reunião — aparece, assim, como o lugar santo dos grandes ritos do Estado, propositadamente concebido para servir de palco ao complexo de actos que envolvia a monarquia na sua função de mediadora entre o viver nacional e a esfera do divino: de celebrações litúrgicas às veladas cívicas e solenes exéquias. Neste sentido, podemos dizer que tal objectivo (a que a velha Sé de Lisboa não podia corresponder) foi plenamente conseguido, mantendo-se ainda em nossos dias.

O PANTEÃO RÉGIO

A função primeira do Real Mosteiro de Santa Maria de Belém era a de servir de panteão do ramo dinástico inaugurado por D. Manuel. No interior da igreja só enterramentos régios eram permitidos, rodeados de culto permanente e solene, *perpetuamente pera todo sempre,* com abundantes indulgências para quem rezasse pela alma dos reis aí sepultados. Os três espaços menores que deitam para o «salão real» do cruzeiro — as capelas dos braços do transepto e a capela-mor — eram, pois, essencialmente recintos funerários.

A *capela-mor,* onde D. Manuel dispusera por testamento ser enterrado em campa rasa ao pé do altar, *de maneira que se possa andar por cima dela,* devia originariamente ser de planta quadrada como as outras duas, sabendo-se apenas que tinha oito janelas

Caridade / *Charity.*

com vitrais, já colocados em 1523. D. João III decorou-a ao gosto renascentista, mandando finalmente fazer aí em 1551 a transladação dos ossos de seus pais e irmãos já falecidos; entretanto, construía para si o mais maravilhoso mausoléu principesco do Alto Renascimento, a Ermida de Nossa Senhora da Conceição junto ao Convento de Cristo em Tomar. Mas a sua morte inesperada, com a viragem contra-reformista que se lhe seguiu, fez malograr esse intento de puro humanismo, levando à reformulação do esquema tumular de Belém, de modo a incluir

---

twelve confessionals. Here in the bare zone near the crossing, was the tracing-house *of Master Boytac, a great rarity, for only two are known, both in England, dating from the 15th Century. It is well worth examining its faded lines of patterns, on which were cut the moulds or templates in wood to be given to the masons for converting into stone.*

The crossing *is the physical and symbolical centre of the edifice. Its celebrated vault (by João de Castilho, 1522), which in a single breathtaking leap covers a width of 30 metres, represents «the supreme achievement of late medieval ambition to cover the largest possible span with the minimum number of supports» (George Kubler). In this free space, vast as an armoury, the profusion of adornment reaches its peak. The octagonal pulpits of the Epistle and the Gospel are jewels of filigree in stone. The emblems of the monarchy — the Cross of Christ and the armillary sphere of Dom Manuel, the bunch of three marguerites of Dona Maria, the initial M of the names of the king*

and Queen, blazons with the Royal arms and the Five Wounds — all proclaim again and again the power of the founders and manifest almost tangibly the presence of Royalty, as in other monuments of early modern absolutism: the Church of San Juan de los Reyes at Toledo and the tomb of the Emperor Maximilian, Westminster Abbey or King's College Chapel in Cambridge. The immense span of the crossing — which is not a processional space but a place of meeting — thus appears as the holy precinct of the great rituals of State, purposely conceived to serve as a stage for the complex of acts that involved the monarchy and for which the old Romanesque Lisbon Cathedral was unsuited.

THE ROYAL PANTHEON

The primary function of the Royal Monastery of Santa Maria de Belém was to be a pantheon of

nele também os seus despojos. Foi a viúva e regente, a rainha D. Catarina — tia de Filipe II — quem mandou em 1563 demolir a capela-mor *(por ser baixa e pequena)* e reconstruí-la sob forma monumental por Jerónimo de Ruão, tendo sido inaugurada a 12 de Outubro de 1572.

O contraste com o corpo manuelino é absoluto, quase chocante: o que não obsta que seja uma obra-prima do classicismo maneirista peninsular, que antecipa o gosto severo e frio do Mosteiro do Escorial. Nessa capela em forma de túnel, combinam-se ecos da arquitectura torralviana de Tomar com a sugestão de mausoléus à antiga (como os elefantes que sustentam as arcas tumulares, inspirados nos Templo Malatestiano de Rimini), que mal conseguem animar o uso de mármores coloridos, certos maneirismos de desenho (como a inexistência de ângulos em planta e alçado) e discretos elementos ornamentais escondidos pelas arcas. É a própria arquitectura que constitui, na sua pureza, o essencial da decoração. Nos nichos entre três pares de colunas (jónicas e coríntias sobrepostas), de modulação tão precisa como se tivessem saído das páginas de um tratado, repousam os reis D. Manuel e D. Maria, à esquerda (isto é, do lado do Evangelho, o mais honroso), e D. João III e D. Catarina no da Epístola, identificados por epitáfios latinos da autoria do humanista André de Resende. Acompanhando a curvatura da parede, emoldurados como janelas, cinco painéis com cenas da Paixão de Cristo e Adoração dos Magos constituem o retábulo romanista do pintor Lourenço Salzedo († 1577). O painel central foi substituído pelo magnífico sacrário de prata do ourives João de Sousa (1674-1678), oferecido pelo rei em acção de graças pela vitória alcançada contra os Espanhóis na Batalha de Montes Claros (1665), que pôs fim à Guerra da Restauração.

Vale a pena examinar por fora as paredes da capela-mor, onde são visíveis as cicatrizes das diversas campanhas de obras (como também no intradorso do arco cruzeiro) e se estampa a sobriedade quase militar do chamado «estilo chão», típico do reinado de D. Sebastião: na ausência de ornatos, no terraço praticável como um baluarte, nas guaritas das escadas, as arestas vivas dos muros, as janelas tratadas como se fossem canhoneiras. A intenção de contrapor a simplicidade do exterior à imponên-

cia interna é por de mais evidente, exprimindo um conflito de natureza moral entre disciplina e majestade.

As *capelas do transepto* são reservadas aos infantes, filhos de D. Manuel (lado do Evangelho) e de D. João III (lado da Epístola), acusando uma disposição ambígua típica do Maneirismo posto em moda por Jerónimo de Ruão no final do século XVI. Os nichos para sepulturas alternam simetricamente com outros destinados a altares, ladeando um arco demasiado alto que abriga um túmulo régio: na capela norte do cardeal-rei D. Henrique, entre pequenos altares de talha dourada oferecidos por João Rebelo de Campos, executados em 1698 pelo entalhador Jorge Ramalho; na do sul, o cenotáfio com os restos recolhidos no campo de Alcácer Quibir, que se julgaram ser os do malogrado rei D. Sebastião — *si vera est fama,* como esclarece o respectivo epitáfio, composto pelo conde de Ericeira. Naquela repousam os famosos infantes D. Luís, D. Duarte, D. Afonso e D. Fernando, enquadrando altares cujos painéis se perderam. Na outra, o túmulo do pai de D. Sebastião, o príncipe D. João (cuja esposa jaz em Madrid no Mosteiro das Descalzas Reales por ela fundado) e os de seus irmãos mortos meninos, alternando com quadros da Anunciação e Nascimento da Virgem da autoria de Fernão Gomes, de cerca de 1592 (em restauro). Ao meio, a campa do infante D. Duarte, filho de D. João III, posta no chão por se tratar de um filho ilegítimo.

Neste notável conjunto (iniciado cerca de 1587 mas só concluído no século XVII) em mármores de alegre policromia, unificado por uma platibanda de *ferronneries* de inspiração flamenga, destacam-se os quatro frontais de altar nos topos do transepto, com cenas da vida de S. Jorónimo delicadamente esculpidas em alabastro. Tem-lhes sido dada origem italiana, mas trata-se seguramente de produções portuguesas ainda do século XVI, de nível técnico fora do vulgar, mas desenho assaz incorrecto.

Deve notar-se a ausência em toda esta série tumular de qualquer alusão fúnebre (a que, aliás, a arte portuguesa sempre foi avessa). É que é o próprio mosteiro em si que constitui o mausoléu: todo o edifício foi concebido para simbolizar a superação e anulação da morte diante dos valores perenes da vida.

---

the dynastic branch inaugurated by Dom Manuel. The three smaller spaces leading to the 'Royal Hall' of the crossing were therefore essentially funerary zones.

It was Queen Catarina, aunt of Fhilip II, who in 1563 caused the chancel to be demolished (because it was low and small), *and rebuilt in monumental form by Jerónimo de Ruão. It was inaugurated on 12th October 1572. The contrast with the Manueline body is absolute, almost disturbing: but it is a masterpiece of Peninsular mannerist classicism, which anticipates the cold, severe taste of the Escorial. The very architecture constitutes, in its purity, the essence of the decoration. In the recesses are the remains of Dom Manuel and his Queen Maria, on the left (i. e. on the Gospel side, the most honoured), and of Dom João III and Queen Catarina on the Epistle side. Accompanying the curve of the wall, five panels constitute the reredos. The central panel was replaced by the silver tabernacle (1674) presented* by the kings in thanksgiving for the end of the War of Restoration against Spain.

The Transept Chapels *are reserved for the Infantes, sons of Dom Manuel (Gospel side) and of Dom João III (Epistle side), showing an ambigous arrangement that is typical of mannerism; the North Chapel is occupied by Cardinal-King Dom Henrique; in the South Chapel is the tomb with mortal remains gathered on the battlefield of Alcacer Kebir, believed to be those of the ill-fated King Sebastião. These chapels alternate with paintings of the* Life of the Virgin *(1952). In this splendid ensemble (begun about 1587) stand out four antependia at the ends of the transept, depicting scenes from the life of Saint Jerome delicately sculptured in Portuguese alabaster.*

It is noteworthy that there is no funereal allusion: the monument in itself constitutes the mausoleum. The whole edifice was conceived to symbolize the annulment of death in the face of the perennial values of life.

SACRISTIA

Pelo portal no ângulo NE do cruzeiro, através do vestíbulo da porta de serviço da igreja, acede-se à sacristia, ampla sala quase quadrada disposta no enfiamento do transepto, com uma original abóbada irradiando de uma coluna central revestida de temas renascentistas (inicialmente destinada a lava-mãos). Encostado a três lados, só interrompido pela porta do claustro e por um armário seiscentista (para guardar as alfaias da igreja), pode-se ver o melhor exemplar de mobiliário português do final do século XVI: o arcaz em madeira com estantes e gavetas, em estilo arquitectónico muito semelhante ao dos arcos tumulares do transepto, e presumivelmente também da traça de Jerónimo de Ruão. Sobre o seu espaldar corre uma interessante fieira de 14 quadrinhos ilustrando a vida e lenda de S. Jerónimo, da mão de bom pintor maneirista de cerca de 1600-1610 (Simão Rodrigues, na opinião do especialista Vítor Serrão). Outros quadros pendem das paredes — uma série de seis telas muito «escurialescas» da Paixão de Cristo atribuídas a António Campelo (talvez destinadas a cobrir os nichos do claustro), uma *St.ª Catarina*, uma *N.ª Sr.ª da Nazaré* que a tradição diz ser de Josefa de Óbidos, um *S. José* barroco, etc. —, aguardando a limpeza que permita a sua melhor apreciação e identificação.

CLAUSTRO

É por todos considerado uma obra de valor universal, «talvez o mais belo claustro do mundo» (Haupt). Pela sua concepção arquitectónica, pela prodigiosa decoração esculpida, que cria cambiantes diferentes a cada hora do dia, pelo próprio valor evocativo das suas pedras e a mensagem histórica que transmitem, representa um dos momentos mais altos da arte portuguesa. Tentemos abordá-lo de maneira a fazer ressaltar essa originalidade e significado profundos.

Do ponto de vista da estrutura, ele segue, em escala monumental e com duplo piso abobadado, o modelo dos claustros da Batalha e Setúbal, em que os eixos geradores são indicados por arcos mais estreitos. É difícil não concordar com a tese exposta por Reynaldo dos Santos em 1924, de uma dualidade de estilos aqui presente: o naturalismo pujante de Boytac nos corredores e face interna dos arcos, e as novidades introduzidas por Castilho na face voltada ao terreiro. Mas não há verdadeiro contraste, pois não existe solução de continuidade entre as duas partes. É de uma *evolução* do projecto à medida que ia sendo executado, mais que da justaposição de duas linguagens artísticas, que parece tratar-se, como diversos indícios demonstram: a autoria castilhiana das abóbadas dos tramos angulares, a repetição dos motivos, a ausência de sinais de enxerto nas juntas ou de remendos da silharia. Foi sob a direcção de João de Castilho que grande parte do claustro se acabou, nele se ocupando, em 1517 e 1518, quatro empreitadas simultâneas — além da do próprio Castilho, as de Pero de Trillo e de Filipe Henriques (com os seus irmãos Pero e Aleixo Henriques, cunhados de Boytac e excelentes lavrantes manuelinos a quem devemos atribuir o melhor da ornamentação das galerias interiores), ambas compostas na maioria por nacionais, e outra que integrava artistas biscainhos como Martin de Artiaga, Pero de Escalante, Juan de Riaño e Fernando de Valmaseda, prováveis autores dos relevos platerescos dos pilares, com seus «candelabros» e «pendurados» de perfeita inspiração clássica —, num total de 140 oficiais, quando no resto do mosteiro apenas trabalhavam 106. As mudanças introduzidas ao projecto de Boytac consistiram na transformação dos contrafortes, previstos como cilíndricos, para pilares de secção quadrada, e no acréscimo do varandim superior, com o corte dos cantos unindo os arcos menores por abóbadas abatidas. Mais do que em considerações técnicas, pensamos que a causa dessa mudança de estrutura residiu na introdução de um novo programa iconográfico, a que se destinava a varanda corrida do primeiro piso (hoje de difícil leitura devido ao desgaste da pedra) ao mesmo tempo servindo como suporte e como balcão visual.

O problema do sentido da decoração do claustro do Mosteiro dos Jerónimos tem suscitado apaixonadas interpretações (desde a romântica «teoria do simbolismo marítimo» até recentes exegeses esotéricas), porém sem nunca ter em conta a totalidade dos registos decorativos e sua organização interna. Nas chaves das abóbadas (talvez destinadas a ser pintadas e douradas), onde os motivos florais predomi-

---

SACRISTY

Through the doorway in the NE angle of the crossing one reaches the sacristy, a spacious, almost square room with an original vault irradiating from a central column (initially intended as a lavabo), in which is to be seen the finest example of Portuguese furniture from the end of the 16th Century: a wooden chest in a style similar to the architectural manner of the tombs in the transept and presumably also designed by Jerónimo de Ruão. Over its back runs an interesting row of 14 little pictures illustrating the life and legend of Saint Jerome (circa 1600).

CLOISTER

This is considered by everyone to be a work of universal value, «perhaps the loveliest cloister in the world», according to Haupt, and it represents one of the major achievements of Portuguese art.

It was under the direction of João de Castilho that most of the cloister was constructed, and on it, in 1517 and 1518, were working at the same time four teams with a total of 140 artificers, whereas on the rest of the Abbey only 106 were engaged. The alterations introduced into Boytac's project consisted of transforming the buttresses, planned as being cylindrical, into pillars with a square cross-section, and in adding the upper gallery with a new iconographic programme both as support and as visual balcony.

The problem of the significance of the decoration in the cloister of Jerónimos Abbey has aroused impassioned interpretations (from the romantic «theory of maritime symbolism» to recent esoteric exegeses). In the inner galleries proliferates a whole imagery typical of the medieval cloister as an image of Paradise. The bas-reliefs of the angles, with devotional scenes and twenty medallions with the Instruments of the Passion, are a Via Crucis worked in stone, whose princi-

15

nam largamente sobre os temas figurativos e heráldi-
cos, nos frisos de folhagem e romãs correndo a meia
altura ao longo das paredes, nos enquadramentos de
nichos e portas, nas mísulas em que assentam os arcos, prolifera todo um imaginário típico do manuelino. É o vulgar simbolismo do claustro medieval
como imagem do Paraíso que aí domina.

Maior valor iconológico possuem os quadros es-
culpidos na face interna das arcadas: os baixos-
-relevos dos ângulos, com cenas devocionais *(Anunciação, Flagelação de Cristo e S. Jerónimo no De-
serto)*, e uma teoria de 20 medalhões com os Instrumentos da Paixão, incluindo as habituais fisionomias
dos carrascos de Cristo, em que uma tradição sem
fundamento tem querido ver as efígies dos descobridores da Índia e do Brasil (este de grande qualidade,
acusando a mesma mão que trabalhou nos pilares
externos desse lado). De mistura às alusões régias,
que se repetem até à saturação, toda esta sequência
constitui, na realidade, uma *via crucis em pedra*,
como diz Fr. Diogo de Jesus, cujos principais mis-
térios e estações se encontravam nos grandes retábulos da parede fronteira: três capelas para altares,
da Anunciação, Assunção e S. Jerónimo — este
ocupado desde 1985 pelo túmulo do poeta Fernando
Pessoa († 1935), o arauto da modernidade nacional
—, e cinco nichos para quadros inicialmente pintados a fresco, depois substituídos por painéis maneiristas: a *Oração no Horto* e *Cristo Atado à Coluna*
no ângulo SE, o *Caminho do Calvário* (os dois últimos, da autoria de Campelo, conservam-se no Museu Nacional de Arte Antiga), a *Crucificação*, e por
fim a *Ressurreição* no ângulo SO. Assim, esse corredor continha os passos da Via-Sacra para as devoções
diárias dos monges, o que é perfeitamente lógico
dado o lugar essencial que as meditações sobre as
horas da cruz ocupavam na espiritualidade jerónima.

Mas o traço decisivo da construção iconográfica
do claustro reside, quanto a nós, na galeria de imagens em tamanho quase natural (e qualidade artística muito variável) contidas nos nichos colocados
acima dos pilares no varandim do primeiro andar,
em que ninguém tem reparado. A introdução desse
elemento — implicando uma novidade mais ideoló-
gica que estilística (a que talvez não fosse estranha a
substituição em 1516 de Boytac por João de Casti-

Santa Luzia / *Saint Lucy.*

lho: isto é, de um homem do século xv por outro do
xvi) — visava o reforço do discurso alegórico do edifício enquanto arquitectura de Estado. Procuremos,
numa primeira tentativa, identificar essas 20 figuras:

Lado leste (da esquerda para a direita)

1 — Uma jovem luxuosamente vestida, sustentando nas mãos uma palma e um livro fechado: talvez uma santa mártir (Santa Úrsula?) ou a personifi-

*pal Stations were on the great retables of the opposite
wall: altars of the Annunciation, Assumption and
Saint Jerome — the last named having since 1985 been
occupied by the tomb of the poet Fernando Pessoa
(died 1935), forerunner of the national modernism —
and five recesses for paintings that originally had frescoes. The corridor thus contained the Stations of the
Cross for the daily devotions of the friars.*

*But the decisive note in the iconographic construc-
tion of the cloister lies in the gallery of images set in
recesses above the pillars of the upper balcony:* East
side *(left to right). (1) A martyr saint. (2)* Hope.
(3) Dom Manuel: *allegorical representation as King
David and at the same time a hitherto unknown
portrait, impressive in its realism, of the King's last
years of life. (4)* Isaiah, *who prophesied the birth of
the Messiah, Emmanuel (Portuguese* Manuel*).
(5)* Justice, *with sword and scales.* **South side**
(6) Temperance, *holding a clock. (7)* Abundance *or*
Wealth *(woman distributing coins from a bag).*

(8) Fortitude. *(9) Man in 15th Century dress, a pil-
grim, perhaps St. James or an illusion to the* Infante
Dom Henrique. *(10) Certainly* Daniel, *who announced the expansion of knowledge and the formation of
the 5th World Empire.* **West side** *(11)* Faith overcoming Heresy. *(12)* Victory of the Church over the
Synagogue. *(13)* Charity. *(14)* Prudence, *with her
characteristic attributes — the mirror and compasses
of just measure. (15) Another martyr saint — forming
a pair with the one opposite it.* **North side**. *(16)* Saint
Lucy. *(17)* Saint Catherine. *(18) The pagan* Pandora, *equivalent of Eve, opening the box and releas-
ing the Vices and Virtues. (19) A* Sybil, *prophetess
who announced the coming of the Saviour. (20)* Saint
Margaret. *Even if some of these identifications are
not correct, we have here, without any possible
doubt, an allegorical procession celebrating the apo-
theosis of the King, clearly adapting the Franco-
-Italian motif of the «King surrounded by the Virtues»
(Panofsky).*

cação de alguma virtude (a Virgindade, como no túmulo dos cardeais de Amboise em Ruão).

2 — A *Esperança* (uma mulher que caminha com uma coroa de flores e folhas na mão, símbolo da esperada glória).

3 — Um homem em traje de magistrado e posição profética (livro nas mãos, o indicador direito apontado para o alto, isto é, para o futuro), em cujo rosto é flagrante a semelhança com as feições e o penteado de *D. Manuel:* é uma representação alegórica do soberano como Rei David — e ao mesmo tempo um retrato inédito, de impressionante realismo, de D. Manuel nos seus últimos anos de vida!

4 — Profeta judeu desenrolando a filactéria com os seus escritos: decerto *Isaías,* que profetizara o nascimento do Messias sob o nome de Emanuel, ou Manuel (VII, 14).

5 — A *Justiça,* com a espada e balança nas mãos.

Lado sul

6 — A *Temperança* (uma jovem de semblante sereno, segurando um relógio de mesa com mostrador e ponteiros em forma de S).

7 — A *Liberalidade,* Abundância ou Riqueza (mulher que distribui moedas de um saco cheio).

8 — A *Fortaleza,* armada de capacete, segurando uma torre na mão esquerda e retirando dela um dragão com a direita, ao mesmo tempo que pisa uma cabeça coroada.

9 — Homem vestido à moda do século XV, com vara e capa de juiz ou peregrino, de cujo toucado cai uma fita de tecido e o olhar perscruta o céu: talvez S. Tiago ou uma alusão ao *Infante D. Henrique,* única personagem histórica que podia fazer par com D. Manuel.

10 — Outro profeta hebreu, apontando para a figura anterior e mostrando um livro aberto: decerto *Daniel,* que anunciou a expansão dos conhecimentos e a formação do quinto império mundial.

Lado oeste

11 — A *Fé esmagando a Heresia* (uma mulher que segura uma miniatura de igreja e pisa um jovem caído de bruços).

This hitherto unknown Portuguese example reveals many affinities with the art of the early Renaissance in the Loire Valley and Normandy, but it also has some original traits. It is not by chance that Dom Manuel occupies the place of honour (the middle of the east wing, corresponding to the sunrise) and that he is flanked by the Virtues of Hope and Justice, having in front of him Charity; or that among them is included Wealth, an unusual virtue but perfectly in keeping with the Manueline reality...

The inspiration for this ensemble — one of the most expressive testimonies to the Manueline ideology — is to be found in the theory formulated in a discourse given in the year 1507 before Pope Julius II by Friar Egidio da Viterbo, inspirer of the iconographic programmes of the Vatican Basilica and the Sistine Chapel. In it, published in 1514 under the title Libellus de aurea aetate, *the Portuguese were described as the new Chosen People and Dom Manuel as the* David Lusitanus, *through whose conquests the Empire of the*

12 — Mulher coroada, com o Evangelho sob o braço, assentando a ponta de sua espada no peito de um rei oriental: talvez a *vitória da Igreja sobre a Sinagoga.*

13 — A *Caridade,* com um coração na mão direita e uma estrela na esquerda, esmagando com o pé outro rei.

14 — A *Prudência,* com seus atributos característicos: o espelho da auto-reflexão e o compasso da justa medida.

15 — Uma jovem com uma palma e um livro aberto, formando par com a figura que lhe está em frente: outra santa mártir, ou a *Inocência.*

Lado norte

16 — *Santa Luzia,* segurando o prato com os seus olhos.

17 — *Santa Catarina,* com a espada e roda de navalhas, calcando aos pés a cabeça do rei de Alexandria.

18 — A *Pandora* da mitologia pagã (que se considerava equivalente à Eva da Bíblia), abrindo o vaso de onde saíram os males do mundo e respectivo remédio, os Vícios e as Virtudes.

19 — Uma *Sibila* (talvez a *Cassandra* ou Délfica), profetisa que anunciou a vinda do Salvador.

20 — *Santa Margarida* pisando o dragão das tentações.

Mesmo que algumas destas identificações que propomos não sejam correctas, temos aqui, sem dúvida

Santa Catarina / *Saint Catherine.*

possível, um cortejo alegórico celebrando a apoteose do rei, em clara adaptação do motivo franco-italiano do «Rei rodeado das Virtudes» — as quatro cardeais (Justiça, Temperança, Prudência, Fortaleza) e as três teologais (Fé, Esperança e Caridade) — que aparecera numa galeria do castelo de Amboise construída por Carlos VIII de França após o seu regresso vitorioso da Itália (1498) e teve grande divulgação naquele país, alargando-se a 8 ou 10 virtudes e completando-se com figuras míticas e hagiográficas, como aqui sucede.

Este até agora desconhecido exemplo português revela muitas afinidades com a arte da primeira Renascença do vale do Loire e da Normandia, quer na associação do tema (originalmente funerário) das Virtudes com a emblemática dos *triunfos* à antiga, quer em certos pormenores concretos; mas apresenta também alguns traços originais, arcaizantes, tendentes a acentuar os vectores da monarquia portuguesa: a centralidade moral e o providencialismo histórico. Não é por acaso que D. Manuel aí ocupa o lugar de honra — o meio da ala nascente, correspondente ao altar-mor e ao nascer do Sol — e seja ladeado, como «testemunhas do seu carácter» (para usar a expressão de Panofsky), pelas virtudes da Esperança e da Justiça, tendo à frente a da Caridade, isto é, o Amor. Ou que entre estas se inclua a Liberalidade ou Riqueza, virtude insólita mas perfeitamente adequada à realidade manuelina...

A inspiração para este conjunto — um dos mais expressivos testemunhos da ideologia manuelina, com perfeito paralelo nas peças de exaltação nacional de Gil Vicente — encontra-se na teoria formulada num discurso que pronunciou em 1507 perante o papa Júlio II, celebrando a conquista de Ceilão pela Coroa portuguesa, o famoso teólogo cabalista e porta-voz papal Fr. Egídio de Viterbo, o inspirador dos programas iconográficos da Basílica Vaticana e da Capela Sistina, reiterando-o quando da embaixada a Roma de Tristão da Cunha em 1514. Nesse texto, publicado sob o título de *Libellus de aurea aetate* e oferecido com grande pompa a Portugal, os Portugueses eram descritos como o novo Povo Eleito, e D. Manuel como o *David Lusitanus*, por cujas conquistas o império da fé estender-se-ia a Jerusalém e a toda a humanidade, graças a ele cumprindo-se finalmente os vaticínios dos profetas de uma Idade de

Ouro cristã. No ciclo de Belém (que deve datar de 1520-1521), D. Manuel aparece, de facto, assimilado à imagem de rei-sacerdote do Antigo Testamento, previsto na acção providencial do Infante D. Henrique, que se incorpora naturalmente ao desfile como o seu precursor, tal como Eva-Pandora trazia em si a promessa futura da vitória do Bem sobre o Mal. Os quase obsessivos sinais messiânicos e de violento imperialismo (dedos a apontar, livros fechados, espadas, coroas, nada menos de sete cabeças rolando no chão, quatro delas de reis com coroa e ceptro...) reforçam a ideia de uma justificação e propaganda pela imagem do carácter de missão sagrada e sangrenta que, desde as campanhas de Afonso de Albuquerque, cada vez mais assumia a expansão portuguesa.

O claustro dos Jerónimos exibe, pois, no coração do mosteiro régio, toda a visão mítico-histórica da sua época, através de uma cenografia arquitectónica digna do império mundial que estava então a ser erguido. Não admira, assim, que os motivos renascentistas conotados com a Antiguidade romana aí apareçam em posição subalterna, com eco nos símbolos clássicos de vitória e abundância que revestem os pilares (cornucópias, medalhas, taças, golfinhos, pássaros debicando em vasos, dragões presos pelas caudas, etc.), porém sempre subordinados à emblemática régia triunfalmente apresentada ao longo dos frisos do parapeito do varandim.

Só no portal da *Sala do Capítulo*, como já observou Virgílio Correia, o Renascimento reina em exclusivo. Uma fina decoração de tipo lombardo recobre os membros da arquitectura, envolvendo medalhões com bustos de Sibila e Profeta e as imagens em vulto de S. Bernardo e S. Jerónimo. Aí trabalhou em 1517-1518 um artista de grande craveira, Rodrigo de Pontezilla, acompanhado, entre outros, por André Pilarte, que viria a ser, três décadas depois, a partir de Tavira, o primeiro mestre do Renascimento algarvio. Mas a Sala do Capítulo — desenhada decerto por João de Castilho, dada a sua semelhança com a do Convento de Cristo em Tomar — ficaria incompleta, sendo abobadada no século passado com a intenção de servir de panteão literário (do qual permanece apenas o túmulo de Alexandre Herculano, falecido em 1877, pai da moderna historiografia portuguesa e o primeiro presidente do

---

Faith was to extend to Jerusalem, finally fulfilling the predictions of the prophets concerning a Christian Golden Age.

The cloister of Jerónimos Abbey thus displays, in the heart of the Royal monastery, the whole mythical-historical vision of its day, through an architectural mise-en-scène worthy of the World Empire that was then being raised.

In the doorway of the Chapter Room, *the Renaissance holds exclusive sway (1517-1518). But the room was incomplete; it was roofed during the last century in order that it might serve as a pantheon for literary figures (there remains the tomb of Alexandre Herculano, father of modern Portuguese historiography and first Mayor of Belém).*

The Refectory, *built at the same time by the contractor Leonardo Vaz in front of the charming lavabos (the original spout of which was a column), exemplifies the most usual taste of the Manueline epoch, with its vault like the hull of a ship, moored by*

a great hawser to the walls covered with azulejos *(coloured glazed tiles) dating from the end of the 18th Century. At the back, special attention should be paid to the best painting in the Abbey: the canvas* Saint Jerome Writing, *which is signed by Avelar Rebelo (17th Cent.).*

Then comes the kitchen, after which, to the north were service dependencies; rooms on the first floor (Royal hostel); a library of eight thousand books, though nothing remains nowadays. The courtyard of the cloister had a garden, covered temporarily for the purpose of great ceremonies, as the translation of Dom Manuel in 1551. It was here, under a translucent dome, that on 12th June 1985 was signed the Treaty admitting Portugal to the European Economic Community.

UPPER CHOIR

Whether one goes up the staircase of the Abbey, or climbs the single-ramp access through a tunnel in the

Município de Belém). A experiência de Ponte-zilla — tal como a de Chanterene no portal principal da igreja — foi demasiado precoce para poder dar frutos imediatos.

Pelo contrário, o *Refeitório*, construído ao mesmo tempo pelo empreiteiro Leonardo Vaz em frente do encantador lavabo (cuja bica original tinha forma de coluna), exemplifica o gosto mais comum da época manuelina, com a sua abóbada abatida, forte como um casco de navio, amarrada por um grosso calabre às paredes, que ornam azulejos *rocaille* do fim do século XVIII. Ao fundo, num nicho sobre o fogão de aquecimento, merece atenção demorada a melhor pintura que se conserva no mosteiro: a admirável tela *S. Jerónimo Escrevendo* (assinada por Avelar Rebelo, pintor do rei D. João IV), que estava na livraria conventual.

Da cozinha que se seguia para norte; o «pátio das oficinas» que abria para o pomar; o inacabado «claustro pequeno» com as dependências de serviço (celeiro, dormitório dos noviços, etc.); as divisões do primeiro andar — hospedaria real, com seis quartos e sala postos sobre o refeitório, a cela do prior (decorada com azulejos de Gabriel del Barco, encomendados em 1697), a livraria de oito mil livros e o cartório por cima da sacristia —, hoje praticamente nada resta, incorporado na Casa Pia e desfigurado por sucessivas remodelações. Tal como a antiga cerca murada que subia pela encosta do Casal de Alcolena, cujas terras de caça e cultivo, fornos de pão, moinhos, fontes e caminhos deram lugar ao actual Bairro do Restelo. Das suas ermidas subsiste apenas a do *Santo Cristo*, quase escondida sob instalações desportivas, e a *Capela de S. Jerónimo*, construída por Rodrigo Afonso no ponto mais alto (1514-1517), de onde o rei vinha aguardar a entrada das frotas no Tejo.

O terreiro do claustro continha um belo jardim, aterrado em 1833, formado por um passeio, um lago quadrado e a meio uma ilha a que se acedia por quatro pontes, com bancos e canteiros revestidos de azulejos, tendo no centro do tanque circular uma excepcional fonte em mármore, provavelmente importada de Génova nas primeiras décadas do século XVI: os seus restos mutilados servem hoje de pia de água benta na entrada lateral da igreja. Esse espaço, destinado ao repouso e leitura, recebia armações efé-meras quando das grandes solenidades, que o transformavam num palco de beleza inigualável: como os 30 altares de frontais e cortinas de veludo e cetim negro, com retábulos e castiçais de prata iluminados por 1000 tochas e 800 brandões de cera, onde se rezaram missas contínuas quando da trasladação de D. Manuel em 1551. Aí também, sob uma cúpula translúcida, foi assinado a 12 de Junho de 1985 o tratado de adesão de Portugal à Comunidade Económica Europeia.

CORO ALTO

Quer se suba pela escadaria principal do mosteiro, quer pela escada manuelina de rampa única, cavada em túnel na parede entre a igreja e o claustro como um corredor de fortaleza, a última parte a ser vista no circuito habitual de visita é o coro dos monges. A regra impunha-lhes uma média de sete horas diárias de permanência no coro para as orações em voz alta, cânticos e ofícios religiosos: donde a necessidade de uma ligação directa com os dormitórios e suas inusuais proporções, ocupando dois tramos da igreja (o primeiro dos quais apertado entre as dependências para guardar os livros de canto e o mecanismo do relógio da torre). Embora tivesse sido o lugar mais atingido pelo terramoto de 1755, com a queda da balaustrada (reconstituída em 1883) e de dois altares que a ela se apoiavam, conserva ainda o único vestígio de pavimento primitivo, em ladrilho azul e roxo, e sobretudo duas das peças mais valiosas que se guardam no mosteiro: o emocionante *Cristo na Cruz* oferecido pelo infante D. Luís, da autoria do entalhador flamengo Filipe de Brias ou Phelippe de Vries (1551), de expressionismo quase barroco; e o magnífico cadeiral, obra-prima da escultura em madeira renascentista, que a tradição atribuía ao próprio Miguel Ângelo.

Esse conjunto de 60 cadeiras — que eram 84 antes da queda das alas laterais — deve-se, segundo documentação por nós encontrada, a desenho fornecido pelo arquitecto Torralva (*côforme a mostra q̃ fez Dioguo de torralva*), executado em 1550 pelo mestre de marcenaria Diogo de Çarça, que no ano seguinte faria também a desaparecida estante para os livros de canto. É, pois, tanto pela estrutura geral quanto no pormenor esculpido que se deve apreciar a beleza

---

wall between the church and the cloister, like the gallery of a fortress, the last part to be seen on the usual course of a visit is the monks' choir. The Rule required that they should spend an average of seven hours a day in the choir: hence the need for a direct connection with the dormitories and its unusual proportions. There are traces of the original flooring, and particularly there are two of the most precious items: the impressive Christ on the Cross, by Phelippe de Vries (1551), and the magnificent choir stalls, a masterpiece of Renaissance sculpture in wood.

This set of 60 stalls — 84 before the collapse of the lateral wings — is to be ascribed, according to documentation that the author found, to a design provided by the architect Torralva and executed in 1550 by the master woodworker Diogo de Çarca. The stalls differ in the decoration of the backs: those above, of more classical inspiration (in which is patent Çarça's apprenticeship to his uncle, the Castilian sculptor Vasco de la Zarza), have medallions with large Roman-style busts *of exceptional quality, in which one senses the breath of the* terribilità *of Michelangelo. The backs of the lower stalls. certainly the work of Phelippe de Vries, have a more spirited, minute style, with profane themes that copy the mannerist engravings of Antwerp which were then beginning to circulate.*

INTERIOR DECORATION

Accustomed as we are to seeing monuments in their present state, devoid of decoration, we are apt to forget that those walls were once covered by appropriate objects that we can only reconstitute through an effort of the imagination.

Dom Manuel spared no expense to endow his church with magnificence worthy of the image that he wished to create. He gave the monastery library the eight volumes of the famous Bible of the Hieronymites *coveted by Napoleon, a work that was executed in Florence by the workshop of the Attavanti (1494-*

desta obra extraordinária. As séries do cadeiral alto e baixo têm idênticos braços e misericórdias (os ressaltos sob o assento que permitiam apoiar o corpo enquanto de pé) tratadas como mísulas; unifica-as um elevado espaldar (coberto por um *Apostolado* barroco e, ao fundo, ladeando a porta do antecoro, um *S. Jerónimo* e *St.º Agostinho* e os *Triunfos da Fé e da Caridade,* telas que pouco contribuem para o seu mérito), enquadrado por pilastras revestidas de motivos de sabor arqueológico em alto-relevo, sobre as quais assenta fortíssima cornija sustentada por consolas, denunciando a mão do tracista no rigor da concepção arquitectónica.

As cadeiras diferem apenas pela decoração dos encostos, provavelmente executadas em competição pelos dois artífices, como tantas vezes sucedia: as de cima, de inspiração mais clássica, têm nichos com serenas imagens de santos (em que é patente a aprendizagem de Diogo de Çarça junto de seu tio, o escultor castelhano Vasco de la Zarza), separando medalhões com volumosos bustos à romana, de qualidade verdadeiramente excepcional, análogos aos que Torralva desenhara para a platibanda do claustro, mas aqui animados por um ímpeto deformador e violentas torsões por onde passa o sopro da *terribilità* miguelangelesca. As tabelas dos respaldos de baixo, decerto da mão de Filipe de Brias, apresentam um estilo mais nervoso e miúdo, de temática profana (cortejos fantásticos, cenas satíricas, paisagens, etc.), cópias das gravuras maneiristas de Antuérpia que então começavam a circular; e ao mesmo gosto de inspiração flamenga obedecem os inquietos meios-corpos que os separam. No seu conjunto, constituem a primeira grande obra de talha que nos

Pandora abrindo a sua taça / *Pandora opening the Box.*

ficou do Alto Renascimento português, e sem dúvida «a melhor lição de escultura que se pode receber em Lisboa», como escreveu Adriano de Gusmão.

DECORAÇÃO INTERIOR

Habituados a ver os monumentos no seu estado actual, despidos de decoração, esquecemo-nos de que essas paredes estiveram outrora cobertas por adequado recheio e albergaram a vida de uma comunidade rica e activa, com o seu mobiliário, alfaias, peças de uso diário ou de aparato. Entre aquelas que desapareceram ou estão dispersas — da imagem henriquina de Nossa Senhora de Belém, hoje na Igreja da Conceição Velha, a uma janela manuelina do dormitório que se conserva no Museu Arqueológico do Carmo — e os documentos e descrições da época, só por um esforço de imaginação é possível reconstituirmos o aspecto dessa decoração e o seu sentido.

D. Manuel não olhou a despesas para dotar a sua igreja, com magnificência digna da imagem que pretendia criar. Ofereceu para a biblioteca conventual os oito volumes da famosa *Bíblia dos Jerónimos* que Napoleão cobiçou, executada em Florença pela oficina dos Attavanti (1494-1496), cujas portadas reproduzem altares do Renascimento florentino; e já em Julho de 1514, o pintor régio Álvaro Pires († 1539) e o escrivão João Rodrigues terminavam de caligrafar e iluminar os livros de coro e de missa. Num gesto cheio de simbolismo, o ouro do primeiro tributo pago por um rei oriental a Vasco da Gama foi transformado na obra-prima da ourivesaria manuelina, essa maravilhosa. *Custódia de Belém* feita por Gil Vicente em 1504-1506. No mesmo estilo seria a cruz processional também dele, *em que se vê lavrado em prata quase o pórtico todo da porta travessa deste templo* (Fr. Jacinto de S. Miguel), bem como outras peças manuelinas que se guardavam na sacristia, roubadas em 1808 pelo general Junot. E não é improvável que a série de 26 tapeçarias encomendadas em 1510 na Flandres narrando a viagem de Vasco da Gama, em que a Senhora de Belém aparecia, tenha sido exibida no mosteiro.

Outra aquisição notável, destinada aos altares da igreja, foi o conjunto de imagens em terracota pin-

---

-1696). In a gesture fraught with symbolism, the gold of the first tribute paid by an Oriental king to Vasco da Gama was transformed into that masterpiece of the Manueline goldsmith's art, the marvellous Monstrance of Belém *made by Gil Vicente in 1504-1506. Another notable acquisition, destined for the altars of the church, was the set of painted and glazed terracotta images which Dom Manuel ordered about 1510 from the Italian workshop of Andrea della Robbia, and attributed to the sculptor Andrea Sansovino. These were almost life-size statues, four of which have survived; two of them are now in the national Museum of Ancient Art, while the admirable* Saint Jerome *is still to be seen in its original place, in the first chapel to the left of the crossing.*

Owing to lack of interest by Dom João III for the Abbey, it was his wife Queen Catarina who sponsored the enrichment of its patrimony, and she presented a collection of vestments embroidered by herself and her ladies-in-waiting (these are on display in

tada e vidrada, que D. Manuel encomendou, por volta de 1510, à oficina italiana de Andrea della Robbia, atribuídas por Carl Justi ao escultor Andrea Sansovino, cuja presença em Portugal poucos anos antes é certa, e colaborava habitualmente com aqueles célebres barristas de Florença. Eram estátuas em tamanho quase natural, das quais três chegaram até nós intactas: uma *Virgem com o Menino*, talvez a própria imagem da padroeira destinada ao primitivo altar-mor (deslocada depois para um altar lateral sob invocação de Nossa Senhora das Estrelas, e actualmente no Museu Nacional de Arte Antiga); um admirável *S. Jerónimo*, única que permanece no lugar de origem, a primeira capela à esquerda do cruzeiro; e um *S. Leonardo*, que esteve na antiga capela desse nome e se expõe agora no mesmo museu. Duas perderam-se com a queda da balaustrada do coro em 1755: um *S. Basílio* e um *S. Bernardo*; e de outras era tradição «que se quebraram na viagem» (Fr. Jacinto de S. Miguel). Havia ainda uma que se dizia ter sido oferecida a D. Manuel pelo papa Leão X (isto é, após 1513), representando Santo António de Lisboa com a particularidade de trazer barbas: esteve na sua capela, à esquerda da entrada, até à criação da Irmandade dos Passos, quando passou para um altar do cruzeiro, guardando-se actualmente, sem pés, no nicho da capela baptismal.

O esquema decorativo manuelino previa, pois, para os 13 altares da igreja, um certo número de imagens italianas da mais alta qualidade (significativamente, não há qualquer referência aos retábulos de pintura flamenga tão comuns na época), segundo um programa que associava os santos protectores da fecundidade feminina e das parturientes — isto é, da continuidade dinástica — nas capelas junto à porta principal (St.° António, S. Leonardo) com os cenobitas e Doutores da Igreja da especial devoção dos Jerónimos (S. Jerónimo, S. Bernardo, S. Basílio). Se a autoria sansoviniana ou mesmo a origem florentina (com provável mediação de Marchioni) deste lote de estátuas têm sido contestadas, a nosso ver sem razão, já a sua data no início do século não pode sofrer dúvidas, pois, segundo a lista de pagamentos que se conserva na Torre do Tombo, a 13 de Novembro de 1514 eram entregues 800 reais ao pintor Diogo Domingues *por allympar e grudar a imagem de Sam Geronimo*, então chegada.

---

the National, Museum of Ancient Art), reliquaries, images, and many objects in gold work, such as the splendid Holbein Cross, *probably executed in Lisbon for the chancel in 1545-1550 by the goldsmith Philip Holbein, son of the painter Hans Holbein, which are now in the National Museum of Ancient Art.*

But it was the Philippine Spanish domination which, in emulation of the Escorial, led to the modernizing reforms of 1625 and the Baroque redecoration, this being prolonged into the first years of the next century. Then appeared the azulejo *and gilt carved work; the vaulting of the staircase and porter's lodge with frescoes in architectural perspective (1700); great canvases were painted, and Dom João V magnanimously filled with silver the chancel and altars. It is hardly surprising that in his* Crónica, *written in the middle of the 1th Century, Fr Manuel Baptista de Castro could consider Belém as* the most magnificent edifice in all Europe, *and give a picture of artistic wealth that nowadays we can hardly imagine.*

Devido ao desinteresse de D. João III pelo mosteiro, é a rainha D. Catarina quem, a partir de 1540, patrocina o enriquecimento do seu recheio, oferecendo inúmeros objectos de valor: uma colecção de paramentos desenhados por Francisco de Holanda e bordados por ela própria e suas damas (decerto os que actualmente se expõem no Museu Nacional de Arte Antiga); relicários, retábulos e imagens, como a milagrosa Nossa Senhora da Ajuda, sentada na cadeirinha com o Menino ao colo, que mandou colocar no altar de Santa Paula (o primeiro à direita do cruzeiro); e muitas peças de ourivesaria, como talvez o cofre de 1565 do ourives Jacoby Moris de Hamburgo, um cálice-custódio (o primeiro do seu género conhecido em Portugal) e a admirável *Cruz de Hobein* de prata e bronze, provavelmente executada em Lisboa para o altar-mor em 1545-1550 pelo ourives Philip Holbein, filho do famoso pintor Hans Holbein, todas incorporadas no século passado ao acervo do Museu Nacional de Arte Antiga. Encomenda também de D. Catarina ou do infante D. Luís (cujos livros constituiriam o núcleo da biblioteca do mosteiro) seria o pequeno painel em madeira representando a *Adoração de Nossa Senhora de Belém Pela Família Real* (com a *Descida de Cristo ao Limbo* no reverso), pintado em 1551 por Francisco de Holanda, e que se encontrava no coro alto ao lado do crucifixo de Brias, servindo talvez como bandeira processional (Museu Nacional de Arte Antiga). Essa estreita participação do artista miguelangelesco no embelezamento do mosteiro levou a que lhe fossem atribuídos os 42 grandes livros de canto manuelinos, na realidade pintados pelo iluminador Álvaro Pires, que os alunos da Casa Pia destruíram

Santa Margarida / *Saint Margaret.*

com suas brincadeiras, e de que apenas se conhece um fragmento conservado no Museu de Belas-Artes do Rio de Janeiro.

O reinado de D. Sebastião, com o novo conjunto tumular de Jerónimo de Ruão (ainda devido ao mecenato de D. Catarina), trouxe grandes modificações ao aspecto interior da igreja, sobretudo na área do mosteiro. Mas será o domínio dos Filipes que, em emulação com o Mosteiro do Escorial e a crítica ao estilo arquitectónico de Belém que ela suscita (Siguenza), conduz às reformas modernizadoras de 1625 e à redecoração barroca, prolongando-se até aos primeiros anos do século seguinte. Assim, introduz-se o azulejo e a talha dourada no reinado de D. Pedro II juntamente com o sacrário de prata proto-barroco, e as abóbadas da escada e portaria recebem frescos de perspectiva arquitectónica em 1700. Pintam-se grandes telas, como as que cobrem os espaldares do cadeiral e as duas que tapavam na Semana Santa os altares de S. Jerónimo e Santa Paula, hoje servindo de fundo aos túmulos de Vasco da Gama e Camões. Fazem-se retábulos de talha joanina no cruzeiro, sob a direcção de Manuel do Couto e João Antunes (1709-1711) e portas novas para a entrada lateral (1699) e axial (1721); redecora-se a sacristia (1713); e o rei D. João V enche magnanimamente de prataria a capela-mor e os altares — jarras, cruz grande, galhetas, castiçais, ramalhetes, etc., feitos pelos ourives Manuel da Silva e Pedro Rodrigues em 1728-1731 —, derretida no século passado pela Casa da Moeda.

Não admira, pois, que na sua *Crónica*, composta nos meados do século XVIII, o padre Frei Manuel Baptista de Castro pudesse considerar a casa de Belém como *a mais magnifica de toda a Europa,* esforçando-se por demonstrar a sua superioridade sobre o Escorial através de uma acirrada defesa do estilo gótico e do inventário minucioso das preciosidades que continha, traçando um quadro de riqueza artística que hoje a custo conseguimos entrever.

DECADÊNCIA E REVIVALISMO

O crescimento da povoação de Belém e a compra por D. João V das três «quintas reais», de onde viriam a surgir os palácios de Belém e da Ajuda, criou uma apertada concorrência aos privilégios do mosteiro, conduzindo a conflitos com o povo e com o Poder que não cessam de se multiplicar, atingindo particular gravidade sob o Ministério do Marquês de Pombal. Ao mesmo tempo, decaía o valor das rendas recolhidas em Margaride (Felgueiras), que haviam substituído a vintena da pimenta, e das propriedades que possuía na Outra Banda (quintas da Palmeira, Atalaia, Fernão Ferro e Porto Brandão), tendo de recorrer ao expediente de comercializar os produtos da sua cozinha — como os afamados pastéis de nata, que já em 1739 vendia na Rua de S. Jerónimo (actual Rua de Belém) o pasteleiro Manuel da Silva, antigo doceiro-mor do mosteiro — ou de alugar à marinha os armazéns sob as arcadas do dormitório, tapadas com paredes de tijolo já desde o século XVII. Ao empobrecimento seguia-se o baixo estado moral e religioso e a decadência dos estudos, outrora tão florescentes nessa que fora a casa de Fr. Heitor Pinto: as últimas crónicas monásticas, como a de Fr. Adriano Casimiro, de 1832, são meras cópias sem originalidade nem critério.

Desde 1807, parte do edifício estava ocupada pela tropa, com os consequentes estragos causados pela Guerra Civil. A situação havendo-se tornado insustentável para os monges, a 28 de Dezembro de 1833 o mosteiro era extinto e seus bens incorporados na Coroa, estabelecendo-se nele um instituto de educação de crianças pobres, a *Casa Pia,* de que era então administrador António Maria Couceiro, e ficando a igreja a servir de paróquia da nova freguesia de Belém, desmembrada da da Ajuda. Foi a época mais negra de destruições e desbarato do recheio do edifício.

Uma nova era na sua história abre-se em 1859, com o provedor José Maria Eugénio de Almeida, que põe a fortuna e influência política ao serviço do restauro, ou «reconstituição», de todo o complexo. Está ainda por fazer o estudo pormenorizado desses trabalhos, em que se sucedem projectos de arquitectos — o francês Colson (1860), o inglês Samuel Bennet (1865), os portugueses Joaquim Possidónio da Silva (1867) e Valentim José Correia (1864) —, do engenheiro Manuel Raimundo Valadas (1880-1886), dos decoradores de ópera italianos Rambois e Cinatti (1874-1878), só concluídos, após muita indecisão e polémica, após 1896, ao que se diz sob a supervisão do francês Victor Laloux.

DECADENCE AND REVIVALISM

The growth of the little township of Belém created keen competition with the privileges of the Abbey. At the same time, there was a diminution in the value of the rents received, so that the monks had to resort to the expedient of selling the produce of their kitchen — such as the famous cream pastries (pastéis de nata), which were being sold as long ago as 1739 and may still be bought today. From 1807, part of the building was occupied by the army. On 28th December 1833 the monastery was abolished and its assets reverted to the Crown, and an institute for education of poor children was established in it. This was the Abbey's darkest period, with destruction and dilapidation of its patrimony.

A new era in its history began in 1859, with the restoration or 'reconstitution' of the whole complex.

There was a succession of architectural projects which were only concluded, after much indecision and polemics, in 1896.

There is no doubt that the Abbey underwent alterations and additions that were not always according to our criteria; but it gained in dignity what it lost in authenticity. The covering of the bell tower with the exotic Hindu cupola in the form of a mitre demonstrates total incomprehension of the dominant horizontal of the façade; the body of the former dormitory is a scenographic pastiche in which nearly everything is false. But the works inside the church and on the cloister were intended to give a decent face and public function to the building, and successfully restored the original atmosphere of the monument, a visit to which will always offer one of the purest and most moving visions of the past greatness of Portugal.

É certo que o edifício sofreu tratos e acréscimos nem sempre segundo o critério mais correcto; mas ganhou em dignidade o que perdeu em autenticidade. Se o remate do campanário com a exótica cúpula hindu em forma de mitra demonstra total incompreensão da dominante horizontal da fachada, ou o corpo do antigo dormitório, destinado a museu industrial, com a sua torre de menagem entre minaretes, é um cenográfico *pastiche* neomanuelino em que tudo ou quase tudo é falso, já as obras no interior da igreja, os restauros do claustro — onde houve o cuidado de só introduzir os elementos necessários (as bandeiras dos arcos do piso superior, coruchéus cónicos, algumas gárgulas, discretos remates e arcobotantes dos nichos) —, a própria conclusão das ruínas da sala capitular, destinavam-se a devolver fisionomia decente e uma função pública ao edifício. Estas, bem como o arranjo da praça fronteira quando da Exposição do Mundo Português em 1940, eram obras que se justificavam plenamente, e restituíram com felicidade o conjunto e ambiente originais do monumento, cuja visita constituirá sempre uma das visões mais puras e emocionantes da grandeza passada de Portugal.

DINASTIA DE AVIS

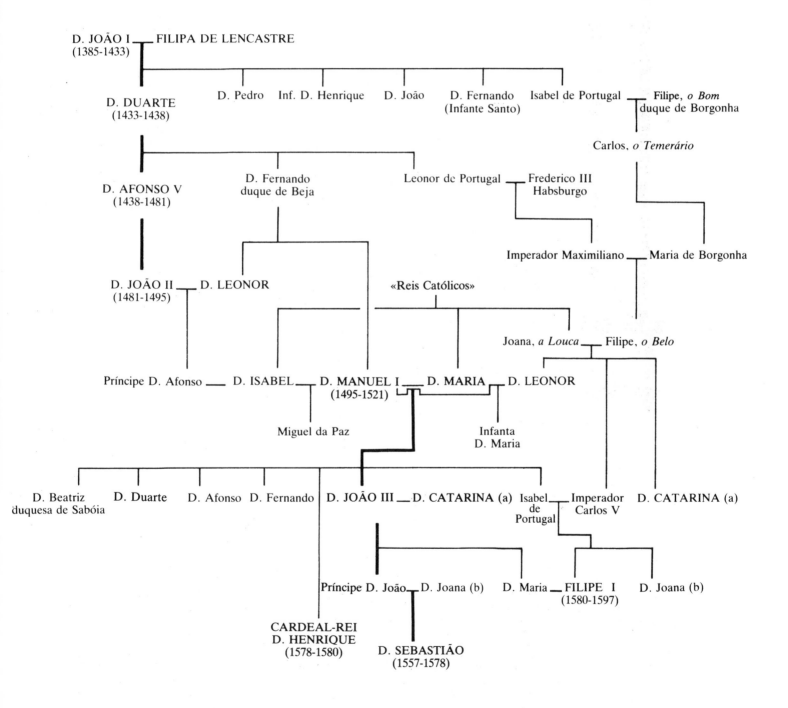

23

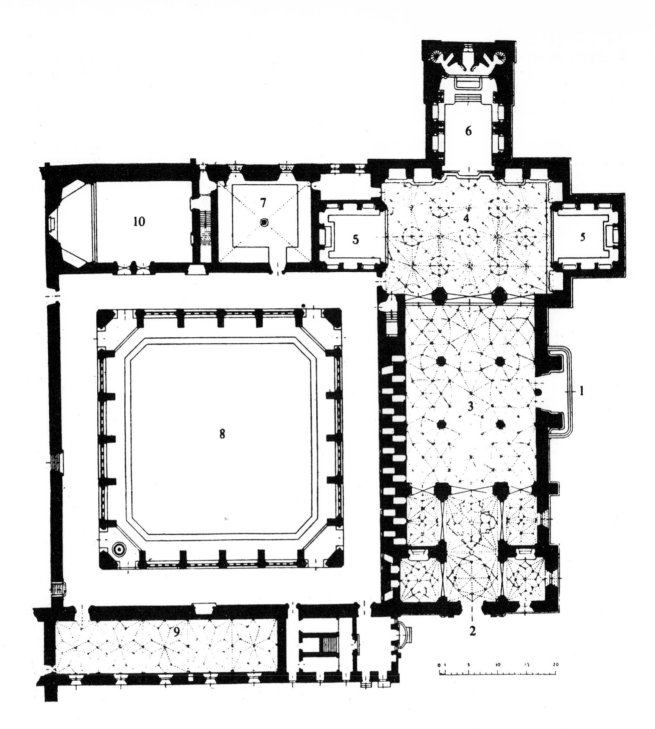

1 — Porta sul. 2 — Porta axial. 3 — Nave. 4 — Transepto. 5 — Capelas laterais. 6 — Capela-mor. 7 — Sacristia. 8 — Claustro. 9 — Refeitório. 10 — Casa do Capítulo.

1 — South doorway. 2 — Axial doorway. 3 — Nave. 4 — Transept. 5 — Lateral chapels. 6 — Chancel. 7 — Sacristy. 8 — Cloister. 9 — Refectory. 10 — Chapter Room.

BIBLIOGRAFIA

Damião de Góis, *Urbis Olisiponis Descriptio* (1552); Fr. José de Siguenza, *Historia de la Orden de San Jerónimo,* I (1605); P. Diogo de Jesus, *Ferculo de Monasteriis Sancti Hieronymi* (1666); Fr. Jacinto de S. Miguel, *Relação da insigne casa de St.ª Maria de Belém* (ed. Martinho de Figueiredo) (1739); P. Manuel Baptista de Castro, *Crónica do Máximo Doutor e Príncipe dos Patriarcas S. Jerónimo* (ANTT, Ms. 729) (c. 1750); Abade A. Castro e Sousa, *Descrição do Real Mosteiro de Belém* (1837); Francisco Adolfo de Varnhagen, *Notícia histórica e descritiva do Mosteiro de Belém* (1842); J. Ribeiro Guimarães, *Sumário de Vária História,* III-IV (1873); César da Silva, *Mosteiro dos Jerónimos* (1903); Vergílio Correia, *As Obras de Santa Maria de Belém* (1922); J. Dias Sanches, *O Mosteiro dos Jerónimos e Torre de Belém* (1929); A. Haupt, *Das Kloster des Heiligen Hieronymus in Belem* (1937); João Barreira, *Mosteiro dos Jerónimos — Torre de Belém* (1940); Reynaldo dos Santos, «O claustro dos Jerónimos», in *Lusitânia,* I (1942); Mário Sampaio Ribeiro, *Do sítio do Restelo e das suas igrejas,* «Anais» Acad. Port. da História (1949); Adriano de Gusmão, *A Pintura antiga no Mosteiro dos Jerónimos* (1950); Reynaldo dos Santos, *O Estilo Manuelino* (1952); G. Kubler, M. Soria, *Art and Architecture in Spain and Portugal* (Pelican Hist. of Art) (1959); M. Mendes Atanázio, *A Arte do Manuelino* (1984); Maria do Rosário Gordalina, «As obras revivalistas do séc. XIX no Mosteiro de St.ª Maria de Belém», *Romantismo* (I Congr. Intern. de Sintra sobre o Romantismo) (1986); Paulo Pereira e Maria Cristina Leite, «Iconologia e imaginário do Mosteiro de St.ª Maria de Belém», in *História,* n.º 87 (1986).

Panorâmica do Mosteiro de Santa Maria de Belém (com os novos anexos do Museu de Marinha, Museu Nacional de Arqueologia e Casa Pia) e encosta do Restelo.

General view of the Abbey of Santa Maria de Belém (showing the new annexes of the Naval Museum, National Archaeology Museum and Casa Pia) and slopes of Restelo.

À esquerda: Fachada lateral da nave da igreja (a bizarra cúpula da torre é acrescento do século XIX).

Left: *Lateral façade of the nave (the bizarre cupola of the tower was a 19th Century addition).*

À direita: Portal Sul — um hino de pedra, obedecendo a esquema geométrico muito simples: um triângulo isósceles sobre quadrado de diagonal rebatida.

Right: *South doorway — a poem in stone, following a very simple geometric scheme: an isosceles triangle over a square with rebated diagonal.*

Perspectivas oblíqua e axial da nave, onde a isotropia de espaço e luz atinge a perfeição apesar da diversidade de campanhas de obras.

Oblique and axial perspectives of the nave, in which the isotropy of space and light attain perfection in spite of the different workmanship involved.

Abóbada do cruzeiro (João de Castilho, 1522), uma das realizações mais arrojadas do Gótico europeu.

Vault of the crossing (João de Castilho, 1522), one of the most daring realizations of European Gothic.

«Claustro do Convento de Belém» no início do século xix: litografia do álbum *Le Portugal Pittoresque et Architectural,* seg. desenho de William Barclay (Museu da Cidade, Lisboa).

'Cloister of Belém Monastery' at the beginning of the 19th Century. Lithograph from the album Le Portugal Pittoresque et Architectural, *after a drawing by William Barclay (City Museum, Lisbon).*

Lado oposto do claustro, vendo-se ao fundo a igreja com a torre sul e a base da inacabada torre norte da fachada.

Opposite side of the cloister, showing in the background the church with the south tower and base of the unfinished north tower of the façade.

Em baixo: O rendilhado das bandeiras dos arcos coa a luz exterior e cria delicados contrastes de atmosfera.

Below: *The lacery of the arch fanlights filters the light from outside and creates delicate contrasts of atmosphere.*

À direita: Ângulo SE do claustro. De baixo para cima, o gosto realista de Boytac (sobre o banco, as armas de S. Jerónimo); a minúcia de Castilho nos nichos das estátuas (Justiça e Temperança) e relevos do parapeito do varandim; e a harmonia clássica de Torralva (bustos de guerreiros leoninos e imperadores romanos).

Right: *SE angle of the cloister. Bottom to top, the realistic taste of Boytac (over the bench, the arms of St Jerome); the detail and reliefs of the gallery parapet; the classical harmony of Torralva (busts of leonine warriors and Roman emperors).*

Lanço sul do claustro, vendo-se à direita as portas dos confessionários, que comunicam com os da igreja, e ao fundo o nicho onde estava o painel *Cristo Atado à Coluna* (hoje no Museu de Arte Antiga).

South side of the cloister, showing on the right the doors to the confessionals, which communicate with those in the church, and at the back the recess where there used to be the panel Christ Bound to the Pillar *(now in the Ancient Art Museum).*

A decoração filigranada das arcarias é um mostruário de peças de luxo, sugerindo vãs riquezas mundanas: tapeçarias flamengas, brocados e cordões de passamanaria, marfins africanos, bordados da Índia, madeiras asiáticas e pratas orientais.

The filigreed decoration of the arcades is suggestive of worldly riches: Flemish tapestries, brocade and cording of passementerie, African ivory, embroidery from India, wood from Asia and Oriental silver.

Vista geral do refeitório dos monges, executado em 1517 por Leonardo Vaz.

General view of the friars' refectory, executed in 1517 by Leonardo Vaz.

A sacristia vista da entrada (João de Castilho, 1517). Os relevos da coluna central são os primeiros inteiramente renascentistas que o artista realizou.

The sacristy seen from the entrance (João de Castilho, 1517). The reliefs of the central column are the first entirely Renaissance reliefs executed by the artist.

À esquerda: Pormenores de um pináculo e arcobotantes da torre da igreja, onde os remendos oitocentistas (friso de flores em primeiro plano) se conjugam perfeitamente com as pedras originais.

Left: *Detail of a pinnacle and flying buttresses of the church tower, where the 19th Century alterations (frieze of flowers in the foreground) combine perfectly with the original stonework.*

À direita: Caixa exterior do cruzeiro. Sobre a parede nua, as faixas ornamentais emolduram os vãos e marcam as linhas da estrutura.

Right: *External part of the crossing. Over the naked wall, the ornamental bands frame the spans and mark the lines of the structure.*

À esquerda: Coro alto: ala direita do cadeiral, desenhado em 1550 pelo arquitecto Diogo de Torralva.

Left: *Upper choir: right wing of the stalls, designed in 1550 by the architect Diogo de Torralva.*

Em baixo: Pormenores do cadeiral (Diogo de Çarça, 1550-1551).

Below: *Detail of the stalls (Diogo da Çarça, 1550-1551).*

Em baixo: Os reis patronos, D. Manuel (1469-1521) e D. Maria de Castela (1482-1517), ladeando como doadores a porta principal da igreja, obra do escultor Nicolau Chanterene. Pela idade aparente dos retratos, que foram «tirados do natural», podemos datá-los de cerca de 1515.

Below: *The patron monarchs Dom Manuel (1469-1521) and Dona Maria of Castile (1482-1517) flanking, as donors, the main doorway of the church, executed by the sculptor Nicolau de Chanterene. The apparent age of the portraits, which were 'carved from life', enables us date them about 1515.*

À direita: No eixo da igreja, a cena capital do Nascimento de Cristo na gruta de Belém (pormenor da porta principal).

Right: *In the axis of the church, the capital scene of the Birth of Christ at Bethlehem (detail of the main doorway).*

À esquerda: Arca tumular do rei D. Manuel na capela-mor, executada em mármores de Estremoz por Jerónimo de Ruão e com epitáfio composto pelo humanista André de Resende (1565-1570).

Left: *Tomb of Dom Manuel in the chancel, executed in Estremoz marble by Jerónimo de Rouen and with an epitaph by the humanist André de Resende (1565--1570).*

À direita: O profeta Isaías, que anunciou a vinda do Salvador e de um rei chamado Manuel, é excelente exemplo de estatuária gótica franco-flamenga.

Right: *The Prophet Isaiah, who announced the coming of the Saviour and of a King named Emmanuel, is an fine example of Franco-Flemish Gothic statuary.*

Em baixo: Medalhão com imperador romano na face de um dos pilares.
Ao fundo: Andrea Sansovino e oficina dos Della Robia (Florença, 1510-1515?): estátuas em terracota vidrada de S. Jerónimo e Santo António de Lisboa, encomendadas para as capelas da igreja.

Below: *Medallion with Roman emperor on the face of one of the pillars.*
Bottom: *Andrea Sansovino and workshop of the Della Robbia (Florence, 1510-1515?): statues in glazed terracotta of St Jerome and St Anthony of Padua ordered for the chapels of the church.*